人新世の「資本論」

# 人類世的「資本論」

## 決定人類命運的第四條路

齋藤幸平
Saito Kohei

林暉鈞——譯

# 各界絕讚

## ■萬毓澤—國立中山大學社會學系教授兼主任

齋藤幸平是日本年輕一輩最傑出的馬克思學（Marxology）研究者。他細緻耙梳了馬克思後期的諸多手稿與筆記，藉此描繪出與多數人印象大相逕庭的馬克思：一個反對線性進步史觀與生產力至上論的馬克思，一個將生態永續問題納入理論視野的馬克思，一個主張「棄成長共產主義」的馬克思。若想瞭解國際馬克思學的最新動向、馬克思學說的當代意義，不能錯過齋藤幸平。

■盧倩儀──中央研究院歐美所研究員

面對地球生態崩解難題，我們一直以為「經濟成長」是根絕對不許碰的火柴棒。我們寧可押寶杯水車薪的神奇新科技，也不願定神細思：破壞地球生態的經濟為什麼一定要成長。本書不僅顛覆觀念、開展視野，更觸發行動的渴望。

■鍾永豐──作家、音樂製作人

在氣候災難下，所有欠缺環境與生態考量的經濟學、政治學與社會學，都是虛妄。齋藤幸平邀請我們迎向的，不僅是理論的挑戰，更將是人類新文明的倫理基礎。

■趙家緯──臺灣氣候行動網絡研究中心總監

「ESG基金熱潮席捲」、「中小企業碳焦慮」、「零碳新賽局」等用詞紛紛躍上主流商業雜誌封面，而政府也公布將投入九千億元預算於淨零轉型關鍵戰略，推動能源、產業、生活減碳。面對氣候危機，臺灣各界雖高喊轉型，但從政府政策規劃到媒體報導，卻未曾直面真正的轉型阻礙，乃是政府、企業與民眾已被剝削型經濟所圈養。齋藤幸平教授於此書中援引各類氣候學界分析，論證若僅以「減碳是個好商機」的思維，將深陷於時間、技術與空間上的轉嫁效應，不足以化氣候危機為轉型契機。其更立基於過往針對資本論的研究，提出「轉向使用價值經濟」、「縮短勞動時間」、「廢除規格化分工」、「生產過程的民主化」與「聚焦必要性工作」等五項具有操作性的改革方案，建構相互扶助與自治為基礎的棄成長共產主義，推動環境、經濟與政治的根本革新。面對氣候危機，臺灣不應只聆聽比爾蓋茲的觀點，認為靠著綠色溢價矯正市場失靈，就可靠創新科技達成淨零。而須從《人類世的「資本論」》理解到，氣候危機的癥結乃是系統失靈，需要翻轉現有經濟體制，才有氣候正義。

## ■魏揚──太陽花學生運動者、前綠色公民行動聯盟成員

齋藤幸平的《人類世的「資本論」》根本性地對資本主義體系下對資本積累的執念提出挑戰，質疑當前主流的「永續發展」、「綠色成長」概念是現代版的「人民的鴉片」，遮掩氣候危機的根本病灶，即「資本主義」。他建議我們自馬克思主義中汲取智慧，思考「去成長」的可能，透過共有、共享、合作等原則，重新打造政治與經濟。

作為一個淨零轉型、強化氣候治理的倡議者，我並不認為齋藤幸平的批判意味著我們此刻在體制內任何「修正式」的努力都是枉然，而是提醒我們時時刻刻將「發展」打上括號，永遠不放棄嘗試再往「解構資本主義」的目標逼近一步的努力，才能讓我們更有機會達成對抗氣候危機的艱鉅挑戰。

前言

# SDGs是「人民的鴉片」！

對抗地球暖化，你做了些什麼？為了減少使用塑膠袋，買了環保購物袋？不買寶特瓶裝的飲料，出門帶著隨身瓶？改開油電車？

我們就直截了當地說吧！光有這樣的善意是沒有意義的。不僅如此，你的善意甚至是有害的。

為什麼這麼說？因為人們一旦覺得，自己為了對抗地球暖化，已經有所作為，就不會付諸真正必要的、更大膽的行動。這樣的消費行為就像「免罪符」，讓我們免除良心的苛責，忽視現實的危機。這些「漂綠（Greenwashing）」的行為，為資本家們塑造出環保愛地球的假象；而我們卻簡簡單單地，就落入陷阱。

那麼，聯合國所呼籲的、各國政府與各大企業紛紛響應的「SDGs（永續發展目標）」，是否就能改變地球整體的環境？不，那也是沒有用的。不管政府或企業制定多少SDGs的行動方針，也無法阻止氣候變遷。SDGs就像偽造的不在場證明，除了讓我們看不到眼下的危機，沒有別的效果。

從前馬克思曾經批判「宗教」，說「宗教」緩和了資本主義的殘酷現實所引起的苦惱，所以是「人民的鴉片」。SDGs正是現代版的「人民的鴉片」。

我們不能躲進鴉片裡，我們必須正視現實。但現實是什麼？那就是我們人類嚴重地改變了地球的狀態，已經到了無可挽回的地步。

因為人類的經濟活動帶給地球的影響實在過於巨大，諾貝爾化學獎得主保羅・克魯岑（Paul Jozef Krutzen, 1933-2021）認為，從地質學的角度來看，地球已經進入新的年代。他並且為這個新的年代命名為「人類世」（Anthropocene），意思是「人類活動的痕跡完全覆蓋地球表面的年代」。

實際上就是如此。大樓、工廠、農地、水壩等等人工建物淹沒了地表，大量的微塑膠（顆粒與纖維）浮游在大海裡。人造的物質與物體，大大地改變了地球的樣貌。其中，特別是隨著人類的活動而跳躍式增加的，就是大氣中的二氧化碳。

眾所周知，二氧化碳是造成溫室效應的幾種氣體之一。這樣的氣體會吸收地球表面放射出來的熱能，讓大氣溫暖。拜溫室效應之賜，地球才能保持適合人類生存的溫度。

然而自從產業革命之後，人類大量使用煤炭與石油等化石燃料，開始大量排放二氧化碳。產業革命之前，大氣中的二氧化碳濃度大約是二八〇ppm；而到了二〇一六年，連南極都超過了四〇〇ppm。學者們認為，這是四百萬年來首見。而就在現在這一刻，這個數值仍在繼續增加當中。

四百萬年前的「上新世」（Pliocene），平均氣溫比現在高出攝氏二～三度。南極與格陵蘭的冰床都融化，海平面最少比現在高出六公尺（也有一些研究主張比現在高出一〇～二〇公尺）。

「人類世」的氣候變遷，正在將地球的環境，推向與當時相同的狀況。毫無疑問地，人類所建立起來的文明，正面對存亡的危機。

現代化所帶來的經濟成長曾經允諾，要帶給我們富裕豐饒的生活。然而隨著「人類世」的環境危機，我們看得越來越清楚：眼看就要毀掉人類繁榮的基礎的，正是經濟成長。這是何等的諷刺！

即使氣候變遷急速進行，超級富人階級或許還是能像以前一樣，繼續維持他們奢華任性的生活。但是，絕大部分像我們這樣的尋常百姓，將會失去原有的生活，拼命尋找活下去的方法。

若是要避免這樣的事態發生，我們不能把危機完全交由政治家或專家來處理。要是全部交給他們，最後受到保護的只有超級富人階級吧！為了選擇較好的未來，每一位公民都必須挺身而出，表達意見並付諸行動。話雖如此，如果不清楚未來何去何從，只是一味地發聲，不過是浪費寶貴的時間而已。重要的是，我們必須有正確的方向。

為了找出正確的方向，我們必須溯及氣候危機真正的原因。其原因的關鍵沒有別的，就是資本主義。因為，二氧化碳排放量的大幅增加是在產業革命之後，也就是從資本主義全面啟動的時候開始的。不久之後，隨即出現了一位透徹研究、思考資本問題的思想家。沒錯，就是卡爾・馬克思。

本書將不時參照馬克思的《資本論》，以分析「人類世」裡資本、社會與自然相互交錯的關係。當然，重彈過去馬克思主義的老調，是毫無意義的。馬克思的思想，已經沈睡一百五十年；我們要做的，是「發掘」並發展它嶄新的面向。

在這氣候危機的時代，期望這部《人類世的資本論》，可以解放我們的想像力，讓我們創造更美好的社會。

# 目次

第六章

## 匱乏的資本主義，豐裕的共產主義

第七章　棄成長共產主義將拯救世界 ……………… 271

# 翻譯體例說明

本書中出現日文片假名專有名詞〈コモン〉一詞，即英文common，隨上下文字義，分別意指共有、共享，或公共財、公地。Common指涉的意義，作者在一百四十一頁有清楚說明。為接近原文，本書在翻譯〈コモン〉時均用英文common來表示。但為幫助讀者閱讀，在必要段落會以括弧註記對該處上下文而言較適合的common中譯文字。

按同一原則，本書中多處出現的アソシエーション一詞，即英文association，隨上下文字義，分別意指公會、協會、聯合組合，或合夥、協作。為接近原文，本書在翻譯アソシエーション時均用英文association來表示。但為幫助讀者閱讀，在必要段落會以括弧註記對該處上下文而言較適合的association中譯文字。

第一章

# 氣候變遷與帝國的生活模式

## ◆諾貝爾經濟學獎之罪

二〇一八年的諾貝爾經濟學獎，頒給了來自耶魯大學的經濟學家，威廉．諾德豪斯（William Dawbney Nordhaus, 1941-）。諾德豪斯的專業領域，是氣候變遷的經濟學。也許有很多人會覺得，由這樣的人物獲頒諾貝爾獎，對遭逢氣候危機的現代社會來說是一件好事。但有部分的環境運動家，卻對授獎的決定發出了嚴厲的批判[1]。為什麼會如此？

批判的標的，集中在諾德豪斯發表於一九九一年的一篇論文。這篇論文是造成他獲獎的、一連串研究的開端[2]。

說到一九九一年，正好是冷戰剛結束，全球化開始造成二氧化碳排放量急速增加的前夕。諾德豪斯很早就看出這個現象，將氣候變遷的問題，導入經濟學之中。他以經濟學家理所當然的思考模式，提倡制定徵收碳稅的制度，並且試圖建立理論模型，以決定最佳二氧化碳削減率。

然而，問題就出在他導出的「最佳解決方案」。他表示，如果將削減目標定得太高，會阻礙經濟成長，因此重要的是「平衡」[3]。然而，諾德豪斯所設定的「平衡」，實在過於偏向經濟成長的一方。

諾德豪斯認為，與其過分擔心氣候變遷的問題，我們還不如繼續維持目前的經濟成長。經濟成長使世界變得富裕，而富裕會帶來新的技術。所以如果繼續追求經濟成長，未來的世代將可以使用更高的技術來解決氣候變遷的問題。他主張只要有經濟成長與新技術，我們不需要留給未來的世代與今日相同水準的自然環境。

然而，依照他所提倡的二氧化碳削減率，到了二一〇〇年，地球的平均氣溫將提高三．五℃。這意味著對經濟學來說的最佳解決方案，實質上並沒有針對氣候變遷，提出任何對策。

順帶一提，二〇一六年生效的巴黎協定，其目標是將二一〇〇年的氣溫上升（與產業革命之前相較）控制在二℃以下（可能的話，一．五℃以下）。

然而，現在有許多科學家正提出警告，即使真的能達到巴黎協定的二℃的目標，地球仍然處於非常危險的狀態。儘管如此，若是依據諾德豪斯計算出來的模型，卻會升高三．五℃。

當然，如果地球的氣溫真的升高三．五℃，以非洲與亞洲的開發中國家為主的許多國家，將遭受毀滅性的災害。但是，這些國家對世界整體GDP（國內生產毛額）的貢獻很小。無需贅言，農業也會嚴重受創。但是，農業佔世界總GDP的比例，「只有」四％。如果只有四％，那有什麼關係？就算非洲人與亞洲人因此受害，那又如何？——諾貝爾獎經濟學獎的獲獎研究，背後就是這樣的想法。

既然都能拿到諾貝爾獎了，可以想見諾德豪斯對環境經濟學這個領域，有莫大的影響力。環境經濟學強調自然的有限性與資源的稀有性。以稀有性與有限性為前提、計算最佳的分配方式，這是經濟學拿手的領域；經濟學家提出來的最佳答案，理所當然地被視為自然與社會「雙贏」的解決對策。

因此諾德豪斯的解決方案，很容易就被接受。對於各種國際機構來說，經濟學家們展現自己存在感的戰略，無疑是有效的。但其代價，就是讓幾乎等於什麼也不做、拖拖拉拉的氣候變遷對策，得到正當化。

諾德豪斯的思考方式，當然也對巴黎協定產生了影響。先前我們說，巴黎協定以將氣溫上升控制在二℃以下為目標。然而那只不過是口頭的約定。也有學者指出，就算各國實際上真的遵守巴黎協定，氣溫也會上升達三．三℃[4]。我希望讀者們注意，這和諾德豪斯的模型所顯示的數字，有多麼接近。各國政府終究還是以經濟成長為最優先考量，而將氣候變遷的問題不斷延後處理。

因此，在媒體熱鬧喧騰地報導SDGs對策的同時，全世界的二氧化碳排放量仍然年年增加，也就沒什麼值得驚訝。問題的本質被模糊了焦點，「人類世」的氣候危機正日益惡化。

## ◆回不去的臨界點

有一點必須在這裡先說清楚。氣候危機，並不是會在二〇五〇左右逐漸發生。危機已經開始了。

事實上，那些從前被稱為「百年一遇」的異常氣象，現在每年都在世界各地發生。急速、激烈、不可逆的變化，正把我們推向再也無法回到從前狀態的臨界點（Point of no return）。

舉例來說，二〇二〇年六月，西伯利亞的氣溫達到三八℃。這極可能是北極圈史上的最高氣溫。一旦永久凍土融化，將釋放出大量的甲烷，更加速氣候變遷的進行。另外還可能釋出水銀等有毒物質、炭疽菌之類的細菌或病毒。而且，北極熊將失去棲息地。

危機是多重、複合的，而且日益嚴重。一旦「定時炸彈」引爆，危機就會像骨牌一樣引起連鎖反應。那將是人類無法應對的狀態。

因此，為了避免這樣的破局發生，科學家們希望能將二一〇〇年之前平均氣溫的上升（與產業革命之前相較），控制在一・五℃以內。

在全球平均氣溫已經上升一℃的狀況下，要將上升幅度控制在一・五℃以內，需要立刻行動。具體來說，我們必須在二〇三〇年之前將二氧化碳排放量減半，並且在二〇五〇年之前，讓純排放量歸零。

相反地，如果繼續現在的排放速率，二〇三〇年的氣溫將上升超過一・五℃，二一〇〇年則恐怕會達到四℃的程度。

## ◆日本受災狀況預測

如果氣溫繼續這樣急速上升，日本也不可能毫髮無傷。即使只上升二℃，珊瑚將死亡，漁業也會受到極大的傷害。夏季的熱浪，也會大大影響農作物的收成。每年夏天在各地留下傷痕的颱風，規模也會更加巨大。

豪雨的災害也會擴大。二〇一八年的豪雨在日本西半部所造成的經濟損失，總額高達一兆兩千億日圓。而這種規模的豪雨，已經變得年年發生，頻率還一直升高。

而且，南極冰床融化所引起的海平面上升，也將對日本這個島國，帶來嚴重的危機。氣溫的上升如果達到四℃，災害無疑會是毀滅性的。研究顯示，屆時漲潮將造成東京的江東區、墨田區、江戶川區等許多區域淹水[5]。大阪淀川流域的大部分也會泡在水裡。也有人預測，以沿岸地區為中心，日本全境大約有一千萬人會受到影響[6]。

從全世界的規模來看，以「億」為單位的人們將被迫遷離現在的居住地。而且，供給全人類所需的糧食，將變得不可能。經濟損失將會非常巨大，有人試算出來，每年將會高達二十七兆美元。而這樣的災害，將成為持續的常態。

## ◆大加速時代

當然，對於氣候的變遷，日本人也必須負起很大的責任。因為，日本是世界第五大二氧化碳排放國。而光是前五大排放國（包含日本在內）的二氧化碳排放量，就佔了將近全世界的六〇%（圖表一）。

考慮到氣候變遷將帶給未來世代的巨大影響，我們這一代人絕不能坐視不管。我們必須追求、實行「大改變」，而且就是現在。本書最終想要提出的「大改變」，就是改變資本主義體系本身。

不過，在提出這種乍看非現實的要求之前，我們必須先好好地思考，因為氣候變遷才讓人們注意到的這個環境危機，其原因究竟為何？

在這裡我想參考的，是澳洲國立大學（Australian National University）氣候變遷研究所（Climate Change Institute）威

**圖表一　各國二氧化碳排放量之比例（2017年）**

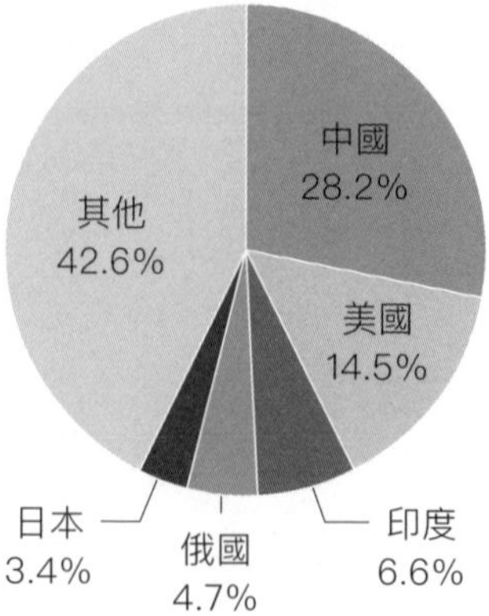


本圖表根據日本能源經濟研究所計量分析小組編纂之《EDMC/能源・經濟統計要覽（2020年版）》（節約能源中心，2020年）製作

爾・史蒂芬（Will Steffen）等人的研究。[7]他們認為，產業革命之後人類的經濟活動加重了環境的負擔，這件事是確實無誤的。人口與能源消費的增加、大氣中二氧化碳濃度的升高、熱帶雨林的消失等等，是非常顯著的現象。特別是在第二次世界大戰之後，人類的活動以及隨之而來的環境負擔飛躍式地擴大，被稱為「大加速時代」（Great Acceleration）。冷戰體制瓦解後，此加速又更為增強。像這樣的時代，不可能永久持續下去。「人類世」終究要走向滅亡。

然而，為什麼狀態會演變到今天的局面？為了釐清其原因，首先我們必須了解資本主義全球化與環境危機的關係。這是第一章的課題。

## ◆一再發生在「全球南方」的人禍

在開始分析「人類世」的資本主義與環境危機的關係之前，首先讓我們把目光朝向「全球南方」（Global South）。所謂「全球南方」，指的是因為全球化而受害的地區及其住民。「全球南方」的問題，從前被稱為「南北問題」。不過，隨著新興國家的抬頭，以及移民大量湧入先進國家，「南北」的差距與地理位置，不再具有必然的關係。因此，本書將全面使用「全球南方」一詞。

無論如何，回顧資本主義的歷史——包括舊有的南北問題在內——我們可以看到，在先進國富裕生活的背後，一再反覆上演各式各樣的悲劇。「全球南方」可以說是資本主義矛盾的縮影。

英國石油公司（British Petroleum）的墨西哥灣原油洩漏事故、各國農業相關產業在亞馬遜熱帶雨林濫墾濫伐造成的火災、三井公司商船在模里西斯海岸的漏油事故……就算只看近年來發生的大事件，也是不勝枚舉。

災害的規模亦非同小可。二〇一九年巴西布魯馬迪紐尾礦壩事故，造成兩百五十人以上死亡。這個尾礦壩為世界三大資源公司之一的「淡水河谷公司」（Vale S. A.）所有，是貯存鐵礦石尾礦（採礦時所產生的、混合水與礦物的黏液狀廢棄物）的壩。

二〇一五年，同一家「淡水河谷公司」也曾在另外一個壩引起同樣的事故。那一次也是因為管理疏失所造成的潰堤，數百萬噸的泥漿一口氣吞噬了附近的許多聚落。四散流竄的尾礦也汙染了河川，嚴重破壞了生態系統。

這些事故單純只是「運氣不好」嗎？絕非如此。事故發生前，專家、勞工、以及當地的居民，就已經向當局反應過無數次，指出事故可能會發生。儘管如此，國家與企業仍然以削減成本為第一優先，未採取任何有效的對策，放任不管。這些都是必然會發生的「人禍」。

話雖如此，這些發生在遙遠的墨西哥或巴西的事故，或許無法引起日本人的關心。也說不定有些讀者會認為，這些事和自己毫無關係。但是，我們日本人毫無疑問地，也長期助長了這些「人禍」的發生。

汽車所使用的鋼鐵、汽油，衣服所使用的棉花，牛丼裡的牛肉——這些都是從「遠方」運送到日本來的。如果不是剝削來自「全球南方」的勞動力、掠奪當地的自然資源，我們不可能有今日的富裕生活。

## ◆建立在犧牲之上的帝國生活模式

德國社會學家烏利希．布朗特（Ulrich Brand）與馬庫斯．維森（Markus Wissen），將先進國家這種建立在掠奪「全球南方」的資源與能源之上的生活方式，稱為「帝國生活模式」（imperiale Lebensweise）。

所謂帝國生活模式，簡單來說，就是「全球北方」大量生產、大量消費型的社會。對於生活在先進國家的我們來說，大量生產與大量消費，為我們實現了富裕豐饒的生活。因此，我們認為帝國生活模式是理想的、有魅力的生活方式。然而在這種生活的背後，卻存在著一種結構；這個結構讓我們能夠持續對「全球南方」（不論是地區或是社會階層）進行掠奪，並且把我們富裕生活的代價，轉嫁到他們身上。

問題在於，如果沒有這樣的掠奪與轉嫁，帝國生活模式是不可能維持的。「全球南方」人們生活條件的惡化，是資本主義的前提條件；南北的支配依賴關係並不是什麼例外的狀態，而是一種常態運作[8]。

舉例來說，「快時尚」早已成為我們日常生活的一部分。這些價廉物美的服裝，大部分是由孟加拉的勞工在惡劣的工作環境下生產製造的。二〇一三年，同時容納五間服裝工廠的商業大樓「熱那大廈」（Rana Plaza）倒塌，犧牲了一〇〇〇條以上的人命。這是一個極為有名的意外事故。

不僅如此。栽種棉花、為這些孟加拉生產的服裝提供原料的，是在四〇℃酷熱環境下工作的、貧困的印度農民[9]。為了配合時裝界日益擴大的需求，他們大規模引進基因改造的棉花品種。結果農民不得不放棄過去自己採收的種子，而必須每年購買基因改造品種的種子與化學肥料、除草劑等等。如果因為乾旱或熱浪而歉收，農民就不得不背負債務，因此被迫自殺的人不在少數。

這樣的悲劇，正來自「全球南方」對帝國生活模式——生產與消費——的依賴。因為全球化資本主義結構上的原因，他們不得不依附在前述的「常態運作」之上。

如前所述，巴西人也知道布魯馬迪紐尾礦壩的危險。之前也發生過同樣的事故。儘管如此，他們卻不得不繼續採礦。在礦場工作的勞動者們，為了維持自己的生活，除了在採礦現場工作、居住在礦場附近，沒有別的選擇。

孟加拉「熱那大廈」的服裝工廠也是如此。從業員在事故發生前一天，就已經察覺建築物牆壁與柱子的異常，但沒有人理會她們。栽種棉花的印度人，也知道除草劑對身體與自然都是有害的。但是當時尚產業的市場日益擴大，為了滿足全世界的需求，他們不得不繼續從事生產。

而犧牲越多，大企業的營收就越高。這就是資本的邏輯。

## ◆讓犧牲隱形的「製造外部的社會」

當然，過去已經有許多人，無數次地為我們指出這些真實的情況。但是我們頂多捐出少許的錢，很快就把這些事忘得一乾二淨。我們之所以能馬上忘記，是因為這些事情在我們的日常生活中，是「被隱形」的。

慕尼黑大學的社會學家史蒂芬・雷瑟尼希（Stephan Lessenich, 1965-）指出，將代價轉嫁到遠方、讓犧牲隱形，對先進國家的「富裕」來說，是不可欠缺的一環。他批判這些先進國家為「製造外部的社會」。

雷瑟尼希為先進國家定下罪名。先進國家以「全球南方」作為犧牲，享受「富裕」的生活；而且還希望「不只今日，明天、一直到未來」都要保持這種特權地位。「製造外部的社會」不斷在自己以外的地區製造出「外部」，並且把各式各樣的負擔轉嫁給他們。我們的社會的繁榮，就是以這種手段得來的[10]。

## ◆勞工與地球環境都是剝削的對象

關於先進國家的資本主義與「全球南方」的犧牲之間的關係，我想引用伊曼紐・華勒斯坦（Immanuel Wallerstein, 1930-2019）著名的「世界體系理論」，做一個簡單的整理。

在華勒斯坦的看法裡，資本主義由「核心（core）」與「邊陲（periphery）」構成。核心國家在所謂「全球南方」的邊陲國家剝削廉價的勞動力，並且以不合理的低價購買其產品，藉此獲得巨大的利潤。華勒斯坦認為，因為勞動力的「不等價交換」，導致先進國家的「過度發展」與邊陲國家的「發展不足」。

然而，因為資本主義的全球化遍及地球的各個角落，充作新掠奪對象的「邊界地區（frontier）」逐漸消失，利潤獲取的過程已經走到極限。利潤率的下降，導致資本積累與經濟成長的困難，因此有些人主張，資本主義已經走向終點[11]。

但我在這一章想要指出的，是資本主義真的走到終點之前的事。華勒斯坦主要探討的剝削對象是人類的勞動力，但那只能說明資本主義的一個面向。

還有一個本質性的面向，就是地球環境。資本主義掠奪的對象不只是邊陲地區的勞動力，還有地球環境整體。透過「不等價交換」，先進國家不斷從「全球南方」掠奪資源、能源與糧食。對於資本主義來說，「人」只不過是積累資本的工具，自然也只是掠奪的對象而已。這是本書的基本主張之一[12]。

如果這樣的社會體系以無限的經濟成長為目標，那麼地球環境會陷入危機，也是理所當然的結果。

## ◆被外部化的環境負擔

如果擴充華勒斯坦的論點，我們可以這麼說：簡單而言，核心地區從邊陲地區掠奪資源的同時，也把潛藏在經濟發展背後的成本與負擔，轉嫁到邊陲地區。

以棕櫚油為例。棕櫚油是日本人飲食生活隱形的主角。不只價格低廉，又不易氧化，大量使用在加工食品、甜點與速食中。

棕櫚油的主要生產國，是印尼與馬來西亞。棕櫚油的原料來自油棕的果實。進入本世紀以來，油棕的栽培面積倍增，浮濫的開墾使得熱帶雨林遭到急速的破壞。

快速增加的棕櫚油生產所造成的影響，不只是破壞熱帶雨林的生態系統而已。大規模的開墾，對於仰賴自然熱帶雨林而生存的人們，也帶來破壞性的影響。舉例來說，砍伐熱帶雨林、將土地變為農園的結果，不但造成土壤的流失，排放到河川裡的肥料與農藥，也使得河魚的數量減少。居住在這個地區的人，過去主要是從河魚攝取所需的蛋白質；河魚減少後，他們變得比以前更需要金錢，以購買含蛋白質的食物。於是為了賺錢，他們開始違法買賣紅毛猩猩、老虎等等瀕臨絕種的野生動物。

就像這樣，核心地區廉價、便利的生活背後，不只是剝削邊陲地區的勞動力，更掠奪他們的資源，讓他們承擔隨之而來的環境成本。

因此，環境危機引起的災害，對世界各地人們所造成的痛苦並不是均等的。糧食、能源、原料的生產、消費等等所造成的環境負擔，分配到世界各地的比例是不公平的。

雷瑟尼希認為，先進國家——「製造外部的社會」——並沒有支付自己生活水準所需的真正費用，而是將成本負擔轉嫁到「遠方某處」的人與自然環境。而這正是我們的富裕生活的前提條件。

## ◆加害者意識的否認與延後的報應

帝國生活模式就以這種方式，透過我們的日常生活不斷複製自己。而因為其背後的暴力總是發生在遙遠的地方，對我們來說，它始終是隱形的。

知道「環境危機」這個名詞以後，我們用來為自己換取「贖罪券」的，大概就是「購買」環保購物袋這一類的行為吧！但即使是環保購物袋，也會不斷推出新的設計。受到宣傳的刺激，我們繼續購買新的產品。而因為贖罪券帶來的滿足感，對於環保購物袋的製造過程加諸遠方的人們與自然的暴力，我們變得更漠不關心。所謂被資本的「漂綠」催眠，就是這麼回事。

先進國家的人們對「轉嫁」的「無知」，並不是被迫的。相反地，為了讓自己的生活更加富裕，他們積極地將帝國生活模式，內化為自己的價值觀。人們渴望無知的狀態，害怕直視現實。從「不知道」轉變為「不想知道」。

但其實大家都心裡有數，不是嗎？——自己能過得這麼好，是因為有些人過得不好。

就像當代德國代表性哲學家馬庫斯・加百列（Markus Gabriel, 1980-）所說，我們只是告訴自己，這些不公正的事情「與自己無關，（中略）故意不去看它」而已。直視這些事實，令人難以忍受。所以「我們就算知道引起這些不公正的原因，暗地裡還是希望維持現在的秩序[13]」。

於是，帝國生活模式更加強固；危機被延後到未來處理。我們的每一個人都以這個方式，助長了這樣的不公正。然而，報應終究以氣候危機的型態，悄悄地走近了核心地區。

## ◆「荷蘭謬誤」——先進國家對地球比較好？

當然，我剛剛所說的並不是什麼新的想法。過去在人們熱烈討論公害問題與南北問題的一九七〇～八〇年代，已經有過類似的議論。

其中的一個例子，就是「荷蘭謬誤」（Netherlands Fallacy）。

像荷蘭這種先進國家的生活，對地球造成很大的負擔。儘管如此，這些國家空氣污染與水質污染的程度，相對來說是比較低的。相反地，儘管發展中國家的人們過著簡樸的生活，卻因為嚴重的空氣污染、水質污染與垃圾處理等等環境問題，而痛苦不堪。

這種乍看矛盾的事態，是怎麼發生的？有一種說明的方式，把這個情況歸功於技術的進步。他們說，經濟成長帶來的技術進步，可以減少、甚至消除引起公害的污染物質。

先進國家大肆渲染，宣稱他們在減輕環境污染的同時，也達成了經濟成長。然而這種歌舞昇平的主張，正是我所說的「謬誤」。先進國家的環境改善，不只是得自他們的技術發展。他們只不過是把資源的開採、垃圾的處理等等，經濟發展揮之不去的負面影響，轉嫁、強加在我們稱為「全球南方」的「外部」而已[14]。

無視於國際間的轉嫁，一廂情願地相信先進國家透過經濟成長與技術開發解決了環境問題，這就是我們所說的「荷蘭謬誤」。

## ◆將外部使用殆盡的「人類世」

然而到了「人類世」，人類的經濟活動已經覆蓋了整個地球。我們這個時代，可以說已經消耗掉所有可供掠奪與轉嫁的「外部」。

資本掠奪一切。石油、土壤的養分、稀有金屬……任何東西，只要是可以奪取的，資本就毫不留情。這種「開發主義」（extractivism）對地球造成很大的負擔。然而，就如同讓資本獲取利潤的、邊境國家的「廉價的勞動力」已經消失，供資本進行開發與轉嫁的外部——「廉價的自然」——也正逐漸耗盡。

不論資本主義的運轉看起來多麼順暢，終究來說，地球是有限的。當地球上已經沒有未開發的地區讓先進國家充作「外部」，開發主義的擴張所帶來的負面結果，最終還是會返回到先進國家本身。

在這裡我們可以看到，連資本的力量也無法克服的極限。資本追求無限的價值增長，但地球是有限的。一旦「外部」消耗殆盡，過去的做法就會失去效用。危機已經浮現。這就是「人類世」危機的本質。

最明顯的例子，就是正在進行中的氣候變遷吧！在外部的消耗已經走到終點的今天，日本的超級颱風、澳洲的山林火災等等各種災害，即使在先進國家也變得明顯易見。

時間已經非常急迫，我們必須提出氣候變遷的對策。到底我們該做些什麼？

## ◆冷戰結束後所浪費的時間

經濟學家肯尼斯・博爾丁（Kenneth Ewart Boulding, 1910-1993）曾經這麼說：「只有兩種人會相信在這有限的世界裡，指數增長能永遠持續下去。一種是瘋子，另一種是經濟學家」。他說這句話已經超過半世紀了。儘管環境危機如此嚴重，我們還是一味地追求經濟成長，繼續破壞地球。經濟學家的思考方式，就是如此深深地紮根在我們的日常生活裡。或許我們都是「瘋子」。

但是，孩子們還保有理性。瑞典環保運動家格蕾塔・童貝里（Greta T. E. E. Thunberg, 2003-）毫不容情地指出，大人們的氣候變遷對策是如何充滿了偽善。當年只是十五歲高中生的她，因為發起「氣候大罷課」而名噪一時。童貝里嚴厲地批判政治家們為了博取聲望而隱瞞事實，「一味地鼓吹對環境友善的永續經濟成長」。那是二〇一八年，她在COP24（聯合國氣候變化框架公約締約方會議）上的發言[15]。

童貝里的主張非常簡單明確：只要資本主義還是以經濟成長為第一優先，氣候變遷的問題不可能解決。她會這樣想是有原因的。冷戰體制瓦解後，除了席捲而來的全球化之外，各國政府也紛紛解除對金融市場的管制，為投機者提供了廣大的空間。而

**圖表二　地區別・二氧化碳排放量**

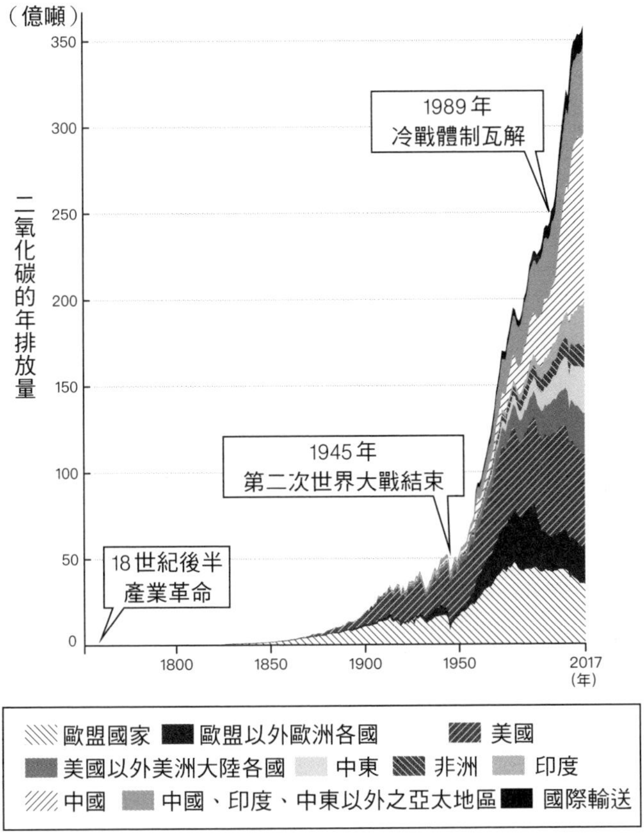


根據Carbon Dioxide Information Analysis Center (CDIAC) 與Global Carbon Project (GCP) 之資料製作

這段時間以來，資本主義一味地追逐發財的機會，原本可以拿來解決氣候變遷的三十年，就這樣白白浪費了。

一九八八年，當時擔任NASA（美國國家航空暨太空總署）研究員的詹姆士·韓森（James Hansen, 1941-）在美國國會提出警告：氣候變遷「百分之九十九」是人為造成的。同一年，UNEP（聯合國環境署）與WMO（世界氣象組織）合作成立了IPCC（政府間氣候變化專門委員會）。

那時候曾經有過一線希望，可以締結有關氣候變遷對策的國際協定。而如果當時就提出對策，以每年三%的速率逐漸減少二氧化碳的排放量，那麼氣候變遷的問題是可以充分解決的。

然而，韓森的警告提出得不是時候。不久之後柏林圍牆倒塌、蘇聯解體，美國型的新自由主義淹沒了全世界。資本主義在舊共產世界又找到了廉價的勞動力與新的市場，開拓了新的疆界。

但是隨著經濟活動的不斷擴大，資源也加速浪費。舉例來說，人類歷史上使用化石燃料的總量，大約有一半是一九八九年冷戰結束之後消耗掉的[16]。隨之而來二氧化碳排放量的增加，可以從圖表二看得很清楚。

諾德豪斯用他過於樂觀的預測，發表關於二氧化碳減量的論文，也正好是這個時期。於是，原本可以用來解決氣候變遷問題的、貴重的三十多年，就這樣白白浪費，而狀況也明顯地惡化。

童貝里激烈的批判，來自她對大人的憤怒。毫無責任感的大人們只看到眼前的利益，讓珍貴的機會隨風而逝。儘管如此，政客與菁英依然故我，還是以經濟成長為優先。他們的態度，為童貝里的怒氣火上加油。「你們不願意聆聽科學的聲音，因為你們只對能維持現有生活方式的解決方案感到興趣。但是，已經不會有那種解答了。因為你們這些大人，沒有在還來得及的時候，做出任何行動[17]」。

事情到了這個地步，問題已經不可能在現有的體系中解決。所以，「體系本身必須改變」——童貝里用這句話，作為她在COP24演講的總結，也得到了全世界的年輕人熱烈的支持。

如果要回應孩子們的聲音，我們這些大人首先非做不可的，就是徹底看清當前體系的本質，並且為下一個階段的體系做準備。而童貝里所說的、毫無任何對策的體系，當然就是資本主義。

## ◆馬克思對環境危機的預言

回顧資本主義的歷史，國家與大企業對於氣候變遷的問題，幾乎沒有提出什麼對策。相反地，資本主義一向所提供的，只有掠奪與負擔的外部化與轉嫁而已。把矛盾轉嫁到遙遠的某處，把問題的解決不斷推到未來。

事實上，馬克思早在十九世紀中就已經分析了這種轉嫁所製造出來的「外部性」，以及它所衍生出來的問題。

馬克思強調，資本主義把自身的矛盾轉嫁到他處，讓問題隱形。然而，轉嫁必然會加深矛盾，走入悲慘的泥沼。

馬克思認為，資本主義轉嫁的做法，最終必將導致完全的破局。這是資本主義無法克服的極限。

接下來，我將參考馬克思的觀點，從技術、空間、時間三方面的轉嫁行為，闡明資本主義的極限所在。

## ◆技術上的轉嫁——對生態系統的擾亂

第一個轉嫁的方法，是試圖透過技術的發展，克服環境的危機。

馬克思探討的，是農業造成土壤疲乏的問題。他引用了同時代的化學家尤斯圖斯・馮・李比希（Justus Freiherr von Liebig, 1803-1873）對於「掠奪性農業」的批判。

李比希認為，土壤的養分——特別是磷、鉀等無機物——來自岩石的風化，而成為植物可利用的型態。但由於風化的速度非常緩慢，植物可利用狀態的土壤養分是有限的。因此，為了地力的維持，我們必須將穀物所吸收的無機物，依其份量確實歸還予土壤。

李比希稱這個原則為「充足律」。簡單來說，為了農業的永續，我們必須讓土壤的養分能夠確實循環。

然而當資本主義充分發展、形成都市與農村的分工之後，農村開始將所收成的穀物，販賣給都市的勞動者。這樣一來，都市消費的穀物所吸收的土壤養分，無法再回到原先的土壤。因為都市的勞動者在攝取、消化這些穀物之後，他們的排泄物經由水洗廁所，流向了河川。

資本主義下的農業經營方式，也潛藏著問題。比起以休耕恢復地力，短視的農場經營者更喜歡連作以賺取更多利潤。對於能夠滋潤土地的灌溉設備，也只願意做最低限度的投資。資本主義始終以短期的利潤為最優先考量。於是土壤的養分循環出現「斷裂」，養分無法回歸到土壤，而只是不斷地流失，最後終於造成土壤的疲乏。

李比希批判為了短期利潤而犧牲永續可能性的農業經營方式，稱之為「掠奪性農業」。他並且提出警告，認為那是歐洲文明崩毀的前兆[18]。

然而從實際的歷史來看，李比希所預言的、因為土壤疲乏所造成的文明危機，並沒有發生。為什麼？因為二十世紀初研發的「哈伯法」（Haber-Bosch Process），成功地以工業規模、人工合成氨氣，使得廉價的化學肥料得以大量生產。

不過重點是，這項發明並沒有修復循環的「斷裂」，而是將它「轉嫁」了。

哈伯法同時利用大氣中的氮氣（N）與來自化石燃料（主要是天然氣）的氫氣（H），以製造氨氣（NH3）。理所當然地，為了生產足以供應全世界農地的化學肥料，需要大量的化石燃料。

實際上，用來製造氨氣所使用的天然氣，佔了全球天然氣總產量的三～五%[19]。簡單來說，現代農業為了補充流失的土壤養分，浪費了另一種有限的天然資源。而製造過程中，當然也產生了大量的二氧化碳。這就是技術性轉嫁本質上的矛盾。

不僅如此，大量使用化學肥料使得氮化合物流入環境之中，造成地下水的硝酸鹽污染與優氧化，引起海洋中的「赤潮」等等問題，對飲用水及漁業都造成影響。像這樣的技術性轉嫁，最終造成大規模的環境問題，其嚴重性遠遠超過土壤的疲乏。

但事情並沒有這樣就結束。化學肥料的大量使用擾亂了土壤生態系統，不但造成土壤的蓄水力下降，也使得蔬菜與動物容易感染疫病。話雖如此，市場需求沒有蟲蛀、大小均一、廉價的蔬菜，於是現代農業越來越依賴更多的化學肥料、農藥與抗生素。無需贅言，這些化學物質也同樣流入環境之中，進一步擾亂生態系統。

然而當災害發生，造成原因的企業卻往往以因果關係無法證明為由，拒絕補償。當然，就算受害者受到補償，已經遭到破壞的環境，也多半無法復原。

技術上的轉嫁無法解決問題。相反地，技術的濫用只有更加深矛盾而已。

## ◆空間上的轉嫁——外部化與生態學的帝國主義

繼技術上的轉嫁之後，第二個方法是空間上的轉嫁。關於這一點，馬克思也從土壞疲乏的關係著手探討。

馬克思的時代哈伯法尚未發明，當時受到矚目的替代性肥料是鳥糞石（Guano）。南美洲秘魯海岸有許多海鳥，鳥糞石就是這些海鳥的排泄物長年堆積而成的混合物，亦稱為糞化石，層層堆疊成小島的形狀。

鳥糞石其實就是乾燥的鳥糞，含有許多植物生長所需的無機物，而且開採、加工、使用都很容易。據說當地的居民，傳統上就是以鳥糞石作為肥料。第一個注意到鳥糞石效用的歐洲人，是十九世紀初到南美洲從事旅行調查的亞歷山大・馮・洪堡（Alexander von Humboldt, 1769-1859）。

在那之後，鳥糞石在歐洲一夕成名，被譽為解決土壤疲乏問題的救世主，開始大量從南美洲輸出到歐洲。拜鳥糞石之賜，英國與美國得以維持其地力，都市中的勞動者也才能獲得糧食的供應。

然而這依然無法修復「斷裂」。歐洲動員了大量的勞工，單方面奪取鳥糞石，並因此對南美洲的原住民進行暴力鎮壓，壓榨多達九萬人的中國苦力。同時因為歐洲人的大量開採，海鳥的數量驟減，鳥糞石資源急速地枯竭[20]。更有甚者，為了爭奪即將枯竭的資源，還爆發了鳥糞石戰爭（一八六四～六六年）與硝石戰爭（一八七九～八四年）。

從這件事例我們可以了解，核心地區試圖透過轉嫁來解決矛盾的時候，考慮的完全只有自己的利益。這就是所謂的「生態學帝國主義」（ecological imperialism）。生態學帝國主義對邊陲地區進行掠奪以保持生存，並且將矛盾轉移到邊陲地區。正是這樣的行為，對原住民的生活以及當地的生態系統，造成巨大的打擊[21]。

## ◆時間上的轉嫁——「大洪水啊！等我死了再來吧！」

最後的第三個轉嫁方法，是透過時間。馬克思當年探討的是森林過度採伐的問題，但我們的時代最明顯的時間轉嫁，就是氣候變遷。

化石燃料的大量消費引起氣候變遷，這一點是毫無疑問的。話雖如此，它的影響並非立時可見，通常要經過長達數十年的時間差。資本就利用這個時間差，竭盡所能利用已經投下的設備（鑽井機與管道管線等等）獲取最大的利益。

就像這樣，資本主義雖然反映現在的股東與經營者的意見，卻無視於目前還不存在的、未來世代的聲音。將負擔轉嫁給未來，讓未來成為我們的「外部」。犧牲未來的世代，以成就這個世代的繁榮。

這麼做的代價，就是未來的世代必須為不是他們所排放的二氧化碳而受苦。馬克思諷刺這種資本家的態度說：「大洪水啊！等我死了再來吧！」

談到這個，說不定有的人會這麼想——時間上的轉嫁不必然是壞事。相反地，它可以為我們爭取時間，以開發危機處理的技術。事實上，的確也有學者認為——比如本章開頭談到的諾德豪斯——與其因為削減二氧化碳排放量而對經濟產生不良影響，還不如繼續追求經濟成長，讓生活變得更加富裕，藉以推動技術的研發。

然而就算開發了新的技術，新技術要普及到全體社會，還需要漫長的時間。在等待的期間，讓危機加速、惡化的作用（「正向回饋效果（positive feedback effect）」）將繼續增強，環境危機說不定會更加嚴重。一旦發生這樣的狀況，新的技術將無法應付。以技術解決一切的想法，終究是要失望的。

如果「正向回饋效果」太大，如果新技術的發展趕不上環境惡化的速度，就已經不是人類能力可及，未來的時代也只能束手無策。當然，對經濟活動也會產生巨大的負面影響。換句話說，未來的世代不但被迫生活在極端惡劣的環境，經濟上也會陷入苦境。

這正是最糟糕的結果。我們之所以不能頭痛醫頭、腳痛醫腳，不能過度依賴科技，之所以必須找出根本原因以阻止氣候變遷，理由就在這裡。

## ◆邊陲地區的雙重負擔

以上我們仿效馬克思的分析，觀察了三個種類的轉嫁。毫無疑問地，今後資本也將使用各式各樣的手段，不斷將災難性的後果轉嫁到邊陲地區。

結果，邊陲地區必須面對雙重的負擔。那就是，在苦於生態學帝國主義的掠奪之後，還要以不平等的方式，被迫接受轉嫁帶來的破壞性作用。

舉例來說，為了歐美人「健康的飲食生活」——也就是帝國生活模式——南美洲的智利以出口為目的，長期栽種酪梨。酪梨被稱為「森林中的奶油」，栽種的時候需要大量的水。而且因為它吸收養分的能力很強，土地一旦生產過酪梨，就很難再種植其他種類的水果。長久以來，智利為了種植酪梨，而犧牲了自己的生活用水與糧食生產。

智利遭受乾旱侵襲，嚴重缺水。人們說，那是氣候變遷的影響。但就像我們前面所看到的，氣候變遷其實是轉嫁的結果。火上加油的是新冠肺炎的大流行。因為自來水系統的民營化，在乾旱影響下越來越稀少的水資源，並沒有提供民眾盥洗以防止疫病的傳染，卻被拿去專門灌溉出口用的酪梨[22]。

於是我們可以看到，歐美人消費主義的生活方式所帶來的氣候變遷與傳染病大流行，率先受害的就是邊陲地區的國家。

## ◆資本主義消失之前，地球就會先毀滅

換句話說，在世界各國之間，風險與機會的分配是極度不公平的。為了讓核心繼續保持優勢，邊陲只能一直處於劣勢。

當然，核心也無法完全免除自然條件惡化的影響。但是拜轉嫁之賜，資本主義還不至於立刻受到致命傷。等到先進國家的人也不得不面對問題的時候，地球大部分地區的生態所受到的破壞，恐怕已經無法挽回。在資本主義瓦解之前，地球會先成為人類無法居住的地方。

所以，美國代表性的環保運動家威廉（比爾）．麥其本（William Ernest McKibben, 1960~）才會這麼說：

「我們所面對的極限，不是可利用的化石燃料逐漸減少。實際上，那甚至不是最重要的問題。因為在石油耗盡之前，地球會先滅亡[23]」。

把他這段話裡的「石油」，代換成「資本主義」，也說得通吧！當然，如果地球不行了，人類全體都會完蛋。對於地球，沒有可用的B方案。

## ◆看得見的危機

如果只用短期的眼光，如果只看事物的表面，資本主義社會看起來或許仍是一片榮景。然而，當過去被充當外部化「容器」的國家——比方中國與巴西——經濟也開始急速成長，外部化與轉嫁的空間就會急速地萎縮。

所有的國家同時製造「外部」，這在邏輯上是不可能的。而對「製造外部的社會」來說，沒有外部是一個致命傷。

實際上，提供廉價勞動力的「邊境國家」消失的結果，造成利潤率下降，資本對先進國家國內勞工的剝削日益激化。同時，將環境負擔轉嫁到「全球南方」的方式正逐漸走向盡頭，環境問題（矛盾）也開始在先進國家內顯現。如今居住在先進國家的我們，每天都能確實感覺到勞動條件的惡化。同樣地，要感覺到環境破壞所造成的氣候危機，也只是時間的問題。這已經不是「別人家的事」了。

讓我們再重述一次華勒斯坦的主張。問題在於，地球終究只有一個；地球上的一切，命運都是相連的。一旦外部化與轉嫁變得困難，「帳單」最終要回到自己身上。過去我們眼不見為淨、丟棄到海裡的塑膠垃圾，如今變成「微塑膠」──微粒或纖維──混入魚貝類與水之中，回到我們生活中來了。有人計算過，實際上我們每個人、每個禮拜吃進肚子裡的塑膠，大約有一張信用卡的份量那麼多。還有，二氧化碳所造成的氣候變化，也使得日本每年遭受熱浪與超級颱風的侵襲。

此外，敘利亞難民在歐洲引起很大的社會問題。難民的湧入促使右派的民粹主義抬頭，威脅到民主制度的存續。事實上也有人認為，氣候變遷是敘利亞內戰的起因之一。敘利亞一帶長期以來持續的乾旱，造成農作物欠收、人民窮困，升高了社會紛爭的可能性[24]。

美國的情形也是一樣。颶風的巨大化自不待言，還有滿載宏都拉斯難民的車隊，大舉湧向美國邊境。根據難民自己的敘述，他們試圖進入美國，不只是為了逃離母國不安定的政治與暴力，還因為氣候變遷造成農業的困難，以及隨之而來的窮困[25]。但當時的美國總統川普，以冷酷無情的態度對待他們，將他們監禁在惡劣的環境下，拒絕讓他們入境。不僅如此，他還試圖在美國與墨西哥的邊界，修建長達數百公里的圍牆。歐盟也將湧入歐洲的難民，強制遣往土耳其。但這樣的做法不可能一直持續下去。過去，帝國生活模式帶來的矛盾，對先進國家來說是隱而不現的。但氣候變遷與環境難民，讓這些矛盾化為可見的物質與身體，開始顛覆既有的秩序。

## ◆大分歧的時代

因為「外部」的耗盡，如今要別過頭、故意不看危機的存在，已經越來越困難。我們已經沒辦法從容優雅地說「大洪水啊！等我死了再來吧！」，「大洪水」已經來到我們腳邊。

帝國生活模式建立在開發主義與外部化之上。而今氣候危機帶來的嚴峻現實，讓人類不得不重新檢視這樣的生活模式。

然而一旦人們發現轉嫁越來越困難，開始產生危機感與不安，排外主義運動的勢力就會增強。右派民粹主義以氣候危機作為宣傳的口實，鼓吹排外、仇外的國族主義（Nationalism）。他們還煽動社會各階層間的相互敵視，讓民主面臨深刻的危機。結果，當威權主義的領導人取得統治地位，所產生的統治體制，或許該稱為「氣候法西斯主義」吧！關於這個危險，我們將在第三章繼續討論。

但是這危機的時刻，也包含著改變現狀的好機會。氣候危機迫使先進國家的人們不得不正視自己的行為所引發的現實災難。因為當「外部」消耗殆盡，他們自己也將成為受害者。或許那些要求改變現有的生活模式、追求更公正的社會之呼籲與行動，將會得到廣泛的支持也說不定。

借用華勒斯坦的話來說，這正是資本主義體系的危機帶來的「分歧點」。現有體系的機能不全，已經浮上檯面；外部的耗盡，已經把我們帶到歷史的岔路口。

華勒斯坦在過世之前，說了這樣一段話：「過去我們把外部化視為『理所當然』。這樣的想法，已成為遙遠過去的回憶[26]」。

如果已經找不到可以拿來充作「外部」的邊陲地區，資本就無法再像以前那樣積累，環境危機也會越來越嚴重。其結果，資本主義體系的正當性將會大幅動搖，反對既有體系的抗議活動也會越來越興盛。

所以，外部耗盡的今日，正是歷史的岔路口——華勒斯坦留下這樣的遺言。資本主義體系瓦解之後，我們要讓世界進入混沌的狀態嗎？還是尋找其他安定的社會體系來取代資本主義？這個朝向資本主義終點的「分歧」，已經到來。

羅莎・盧森堡（Rosa Luxemburg, 1871-1919）曾經說過：「要選擇社會主義？還是走向野蠻？」在這二十一世紀的大分歧點，她的警世名言再度令人深思。然而，要防止走向「野蠻」，我們該怎麼做才好？至少有一點是確定的：階段式的改良，已經來不及了。

那麼，我們到底可以提出什麼樣的大膽對策？下一章我們將仔細檢討，被歐美視為「希望」的「綠色新政」（Green New Deal）。

第二章

# 氣候凱因斯主義的極限

## ◆綠色新政是人類的希望？

我們在第一章已經看到，資本主義體系不只掠奪人，也掠奪自然環境。我們也看到，資本主義如何透過將負擔轉嫁到外部，而保持經濟成長。當負擔的外部化順利進行的時候，居住在先進國家的我們過著富足的生活，並不會為環境危機所苦。因此，我們也從未認真地思考，富足生活「真正的成本」究竟是什麼。

然而讓環境危機嚴重到這個地步的，正是這樣的資本主義體系。居住在先進國家的我們，仗著負擔被隱形，就算隱約感到問題所在，也選擇移開視線而不願正視現實。這個世界遲遲無法對環境危機提出對策，其實我們有很大的責任。

就在這拖拖拉拉的期間，「真正的成本」已經變得無法忽視。剩下的時間不多，再不久我們就要走到無法回頭的地點。終於，先進國家之中也有人開始討論史無前例的「大膽」政策的可能性。

其中最受到期待的政策計畫之一，就是「綠色新政」。比方美國的湯瑪斯・佛里曼（Thomas Friedman, 1953-）與傑里米・里夫金（Jeremy Rifkin, 1945-）等有識之士，就大力提倡「綠色新政」，鼓吹其必要性。此外像伯尼・桑德斯（Bernard "Bernie"

Sanders, 1941-）、傑瑞米・柯賓（Jeremy Corbyn, 1949-）、揚尼斯・瓦魯法基斯（Yanis Varoufakis, 1961-）等等世界知名的政治家們，也紛紛高舉「綠色新政」的看板（儘管內容有決定性的差異），作為選舉的訴求。

「綠色新政」的主要訴求，是以「再生能源」與「電動汽車之普及」為目標，由政府進行大型財政介入與公共投資；希望透過這些做法，創造安定、高薪資的就業機會，增加有效需求、刺激景氣，並且期待好景氣引來更多的投資，加速永續綠色經濟的轉型。

一九三〇年代的「羅斯福新政」（New Deal），曾經將資本主義從二十世紀的經濟大恐慌中拯救出來。我們可以從「綠色新政」的命名與所揭示的方針，看出它的主要思想，正來自「羅斯福新政」。這樣的想法認為，在危機的時代，新自由主義是行不通的；緊縮政策與「小政府」，不足以應付危機。今後我們應該推行的是嶄新的綠色凱因斯主義，也就是「氣候凱因斯主義」。

然而，真的有這麼好的事嗎？「綠色新政」真的能成為「人類世」時代的救世主嗎？就讓我們在這第二章，詳細檢討「綠色新政」的問題。

## ◆「綠色經濟成長」的商機

在「綠色新政」的鼓吹者當中，有一位對「經濟成長」的部分寄予厚望的人，那就是擔任經濟新聞記者的佛里曼。他將這個希望稱為「綠色革命」，並且這樣說：「我們必須把綠色革命視為一種商機。對我們來說，那是能讓美國重生的、最重要的機會[1]」。

長久以來佛里曼一向主張，蘇聯解體後的全球化與通訊技術的發展，讓世界「扁平化」，把所有的人都串聯在一起。如果我們為這扁平的世界加上「綠色革命」，那它將成為真正能永續的世界。

從佛里曼的發言可以看出，氣候凱因斯主義帶給我們的是一種「希望」——如果我們把握氣候變遷帶來的機會，說不定能持續經濟成長，更勝於從前任何時代。換個方式說，仰賴氣候凱因斯主義的「綠色經濟成長」，正是資本主義持續「如常運轉」的「最後堡壘」。

## ◆SDGs——無限的成長是可能的嗎？

插在這「最後堡壘」上的旗幟，就是「SDGs」（永續發展目標）。聯合國、世界銀行、IMF（國際貨幣基金組織）與OECD（經濟合作暨發展組織）等等國際機構都紛紛高舉SDGs的旗幟，熱心追求「綠色經濟成長」。

舉例來說，包含英國與韓國在內的七個國家所共同成立的「全球氣候與經濟委員會」，發行了《新氣候與經濟報告書》，將SDGs的要旨整理為「透過快速的技術革新、永續的基礎建設投資、資源生產性的擴大等要素的相互作用，推進永續的成長」，並且給予極高的評價。同時他們還高亢地宣稱「我們正走進經濟成長的新時代[2]」。從這裡我們可以清楚看出，由各國菁英所組成的國際組織，是如何將氣候變遷對策視為新的、經濟成長的「機會」。

事實上，佛里曼與里夫金所提倡的氣候凱因斯主義，毫無疑問會帶來更進一步的經濟成長。不只太陽能板，電動車與快速充電樁的普及、還有生質能（biomass energy）的開發等等，都需要經濟型態的大轉換；大量的投資與就業機會的創造，是不可或缺的。同時，在氣候危機的時代需要大型投資，以對既有的社會基礎建設進行整體的轉換，這樣的主張也是完全正確的。

然而，問題並沒有解決。這樣的做法，是地球所能承受的嗎？如果我們只是冠上「綠色」兩個字，卻還是無限地、貪婪地追求成長，很快就會超過地球所能承受的限度。

## ◆地球限度

若是如此，那麼即使是以經濟成長為目標，我們還是需要為永續經濟的大轉換畫出一條界線，不要讓它造成無可挽回的環境負擔——這是環境學家約翰．洛克斯特洛姆（Johan Rockström, 1965-）的主張。他的研究團隊在二〇〇九年提出了「地球限度（Planetary Boundaries）」的概念。

首先讓我們簡單說明這「地球限度」的想法。

地球系統具備自然本有的回復力（resilience）。然而，如果我們加諸地球的負擔超過一定的量，它極可能失去回復力，進而產生如極地冰床融化、或野生動物大量滅絕等等，快速激烈且不可逆的破壞性變化。那是地球這個系統的「臨界點」（tipping point）。無需贅言，一旦超過臨界點，對人類來說是非常危險的。

於是，洛克斯特洛姆從九個領域徹底探討、並測量其臨界的數值，以確定還能維持人類安定生存的極限點（順帶說明，這九個項目分別是氣候變遷、生物多樣性的損失、氮與磷的循環、土地利用的變化、海洋的酸性、淡水消費量的增加、臭氧層的破壞、大氣中的氣膠〔aerosol〕、以及化學物質的污染等）。

這就是「地球限度」。洛克斯特洛姆的目標，是劃定不超越極限的「人類安全活動範圍」。

當然，「地球限度」的概念也對SDGs產生了很大的影響。「地球限度」成為技術革新與效率化的目標值。

## ◆我們有可能一面成長，一面降低二氧化碳的排放量嗎？

但是根據洛克斯特洛姆團隊的測量，在氣候變遷與生物多樣性等四個項目中，因為人類的經濟活動，已經超過了地球的限度[3]。

這個事實充分顯示「人類世」的狀況。人類試圖支配自然的結果，以無可挽回的方式大大地改變了地球的環境，已經進入人類束手無策的危機狀況。在這種情況下，我們真的還能妄想以「氣候凱因斯主義」來追求「綠色經濟成長」嗎？

我想請讀者們注意的是，洛克斯特洛姆本人二〇一九年公開發表的論述。在提倡「地球限度」十年後發表的這篇論述，其標題是〈逃避現實的綠色經濟成長〉，十分具有衝擊性[4]。

洛克斯特洛姆也曾經和其他許多研究者一樣，認為把地球限度納入考量的「綠色經濟成長」若是能實現，將氣溫上升控制在一．五℃以下的目標是有可能達成的。過去他的許多主張，都是以此為假定的前提。

但他終於捨棄了過去的立場，開始自我批判。他公開表示，經濟成長與將氣溫上升控制在一．五℃以下的目標，我們只能從中擇一。如果以稍微專業一點的字眼來說的話，洛克斯特洛姆的判斷是，要讓經濟成長與環境負擔「脫鉤」（decoupling）是極度困難的。

## ◆什麼是「脫鉤」？

所謂「脫鉤」，是「切開」、「分離」的意思。這個詞語在日常生活中或許很少見，但是在經濟與環境的領域中，卻是廣泛使用的概念。

讓我們以與這個議題相關的部分，說明「脫鉤」的概念。通常，「經濟成長」會造成「環境負擔」的增加。過去，它們一向是連動的，不斷擴大至今。「脫鉤」的概念在這個議題上所代表的，就是以新的技術切斷「經濟成長」與「環境負擔」的連動關係。換句話說，就是尋找即使經濟成長，也不會增加環境負擔的方法。在氣候變遷方面的目標，就是透過新的技術，在維持經濟成長的同時，減低二氧化碳的排放量。

舉例來說，發展中國家透過興建發電廠與電力供應網等基礎建設，以及鼓勵購買汽車等等大型消費，來促進經濟成長。在這同時，也造成二氧化碳的大量排放。但如果先進國家能支援他們效率更高的新技術，那麼比起以舊有的技術進行基礎建設與大型消費，二氧化碳的排放量將會以比較和緩的曲線上升。

像這樣，透過效率化讓二氧化碳排放量增長率低於經濟成長增長率的做法，就叫「相對脫鉤」。

## ◆降低二氧化碳絕對量之必要性

然而，以「相對脫鉤」作為氣候變遷的對策是不夠的。因為，二氧化碳排放的絕對量如果不能減少，是無法阻止氣溫上升的。而所謂的「絕對脫鉤」，就是希望在減少絕對排放量的同時，仍然能保持經濟成長的目標。

我們可以從圖表三的描繪中看到，將某個時間點的實質GDP與二氧化碳排放量設定為一〇〇時，這兩者將產生的推移變化。「絕對脫鉤」中必須削減的二氧化碳排放量，與「相對脫鉤」之間有壓倒性的差異。

讓我們舉一個「絕對脫鉤」的例子，那就是推廣不會排放二氧化碳的電動車。如果減少燃油車的使用，二氧化碳的排放量也將減少。另一方面，電動車的販賣也會讓經濟繼續成長。

再看另一個例子。如果以網路的視訊會議取代實體會議，商務人士就不需要頻繁地搭乘飛機出差，也會對「絕對脫鉤」產生貢獻。以太陽能發電取代燃煤的火力發電，也有同樣的效果。在成長的同時，減少排放量。換句話說，「絕對脫鉤」的目標是切斷「經濟成長」與「二氧化碳排放量增加」這兩者的關係。「絕對脫鉤」認為，如果能在各方面持續推動這樣的對策，就有可能保持經濟成長，同時少減二氧化碳排放的絕對量。

佛里曼等人所提倡的「綠色新政」，就是希望透過這樣的做法，一方面維持過去以來的GDP成長速率，並且將氣溫上升控制在一·五℃以下，同時把二氧化碳的純排放量減到零。當然，為了達成這樣的目標，需要相當的技術革新。這是個世紀性的大企劃。

## ◆經濟成長的陷阱

在今後各種技術革新的可能性中，可以預見的是，再生能源與資訊科技將以相當快的速度發展吧！因此有不少環境學者樂觀地

**圖表三　實質GDP與二氧化碳排放量之脫鉤**

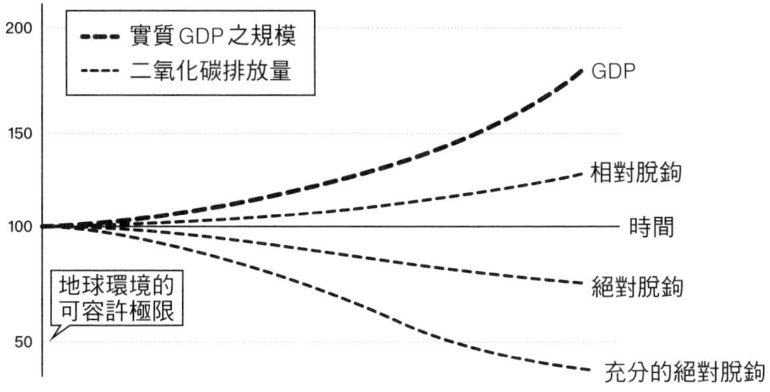


根據Kate Raworth: *Doughnut Economics* 之資料製作

認為，「絕對脫鉤相對是比較簡單的」[5]。

不過話說回來，「絕對脫鉤」真的有可能實現嗎？

隨著時間設定的不同，這個問題會有非常不一樣的答案。所謂的時間設定就是，我們希望在什麼時候，實現零碳社會的目標？舉例來說，如果目標是設定在一百年後達成二氧化碳的零排放，那的確有充分的可能。

但是，一百年後一切都太遲了。讓我們回想一下眾多科學家們提出的警告。如果要阻止災難性的氣候變遷，我們必須在二〇三〇年前將二氧化碳排放量減半，在二〇五〇年前達到零排放。換句話說，從現在開始的十年到二十年之間，我們有沒有可能做到，足以阻止氣候變遷的「充分的絕對脫鉤」？這是問題所在。

然而，連一度過於樂觀的洛克斯特洛姆，如今也認為想要藉由「脫鉤」來達成綠色經濟成長，是「逃避現實」。想要用「充分的絕對脫鉤」將氣溫的上升控制在一．五℃以下，是不可能的。

為什麼不可能？因為「脫鉤」的做法，本質上就會產生單純而頑強的兩難。經濟成長越是順利，經濟活動的規模就越大。隨著經濟活動規模擴大，資源的消費量也會增加，二氧化碳排放量的削減也就更加困難。

也就是說，隨著綠色經濟的成長，二氧化碳的排放量也將增加，因此需要尋求更高的效率化。這就是「經濟成長的陷阱」。到底，我們有沒有可能逃脫這樣的陷阱？

從結論說起，很遺憾地，我們看不到任何逃出陷阱的希望。如果要維持二〜三％的GDP成長率，同時將氣溫的升高控制在一．五℃以下，從現在開始，每年就必須降低一〇％左右的二氧化碳排放量。然而如果繼續交由市場決定，想要如此急速地降低排放量，顯然是不可能的。

## ◆生產力的陷阱

在前述的論文中，洛克斯特洛姆誠實面對「經濟成長的陷阱」；而他所得到的結論，就是放棄經濟成長。理由很單純。如果放棄成長、縮小經濟規模，要達成降低二氧化碳排放量的目標，將會變得容易許多。

洛克斯特洛姆的結論，可以說是為了停止破壞地球環境、維持人類繁榮條件的一種決斷吧！然而它也是資本主義體制無法接受的決斷。因為資本主義還有一個陷阱，那就是「生產力的陷阱」[6]。

為了降低成本，資本主義不斷追求勞動生產力的提高。一旦勞動生產力提高，就可以用更少的人數生產與過去同量的產品。這時候如果經濟規模保持原狀，將會產生失業者。然而，在資本主義制度下，失業者將無法生活，而且政治家們不喜歡高失業率。因此為了保持一定的就業率，就必須不斷擴張經濟規模，這個壓力是非常大的。所以，一旦生產力提高，經濟規模就不得不擴大，這就是「生產力的陷阱」。

資本主義無法逃脫「生產力的陷阱」，因此是絕不可能放棄經濟成長的。想要以資本主義的思考方式解決氣候變遷的問題，只會掉入「經濟成長的陷阱」，不斷增加資源消費量。

所以，科學家們也開始注意到資本主義的極限。

## ◆「脫鉤」是一種幻想

話雖如此，在讀者們的耳朵裡聽起來，洛克斯特洛姆「停止追求成長」的結論，一定像是粗暴魯莽的主張吧！大家應該會強烈覺得，氣候凱因斯主義看起來比較合乎常識。經濟成長是不可以輕易放棄的；而且，自然科學家或許不了解經濟問題。

讓我們更仔細地探討「脫鉤」的困難。英國著名的環境經濟學家提姆・傑克森（Tim Jackson, 1957-）在他的暢銷書《誰說經濟一定要成長？》（*Prosperity without Growth*）中，說明了他針對這個問題所做的實證研究。

傑克森認為，先進國家的產業部門，其能源消耗的效率化的確正在進步當中。例如英國與美國，與一九八〇年相較起來，看得到四〇％的大幅改善。不只英美，經濟合作暨發展組織（OECD）的各個加盟國，能源消耗對實質GDP的比例也大幅下降。如果只看先進國家，「相對脫鉤」無疑有了長足的進步。

但是巴西與中東等國家卻與先進國家的趨勢相反，能源消耗與實質GDP的比例正急速惡化。因為以眼前的經濟成長為優先，直接以舊有的技術進行大型投資，甚至連「相對脫鉤」都無法發生。

如果能源消耗的效率性惡化，二氧化碳排放量對實質GDP的比例，當然也不會有所改善。因為經濟成長的中心移往中國與巴西，以全世界的規模來看，從二〇〇四年到二〇一五年之間，排放比例的年率僅僅改善了〇・二％。[7]簡單來說，從世界整體來看，近年來二氧化碳的排放量與經濟成長之間，甚至連「相對脫鉤」都幾乎沒有發生。在這種狀況下，以二〇五〇年零排放為目標的「絕對脫鉤」，更是癡人說夢。

自從雷曼金融風暴以來，確實有幾個先進國家的經濟處於長期的停滯當中，二氧化碳的排放量也降低了。比如英國在二〇〇〇年到二〇一三年之間，雖然GDP上升了二七%，二氧化碳排放量卻降低了九%。德國與丹麥也發生了「絕對脫鉤」的狀況。

然而，因為新興國家顯著的經濟成長，從世界整體來看，二氧化碳的排放量是不斷增加的。現實中，二氧化碳的排放量並沒有因為「絕對脫鉤」而降低，反而是持續上升。關於這一點，我們已經在前一章（圖表二）中看到了實際的數據。結果，全世界的二氧化碳排放量，以每年平均約二．六%的速率穩定增加。即使在先進國家當中，美國的排放量也以每年一．六%的速率持續增加[8]。認為「充分的絕對脫鉤」可以將氣溫的上升控制在二℃以下的預測，現實中完全沒有發生。

傑克森認為「脫鉤論」只是一種神話，「完全沒有說服力」，並且強烈批判綠色成長論者。他斬釘截鐵地斷言，「在資本主義底下所進行的技術革新可以阻止氣候變遷」這種「單純的假定」，除了是「幻想」之外，什麼也不是[9]。

## ◆實際上「再掛鉤」正在發生

或許有些人看到傑克森提示的資料，會認為全世界二氧化碳排放量的增加，是因為新興國家急速的經濟發展，而想要怪罪這些新興國家。

然而，這是在重複第一章所說的「荷蘭謬誤」。只注意到先進國家二氧化碳排放量的減少，將誤導我們的判斷。因為，在中國、巴西與印度等地所開採的資源與生產的產品，有一大部分是輸出到先進國家，供先進國家消費的。

簡單來說，先進國家「外表上的」脫鉤，來自於將負面的部分（以氣候變遷來說，就是伴隨著經濟活動的二氧化碳排放）轉嫁到某個外部。經濟合作暨發展組織（OECD）加盟國的脫鉤，不能只歸功於技術的革新，而是這三十年來，將國內消費的商品與糧食的生產，轉嫁到「全球南方」的結果。

所以傑克森才會說，如果觀察包含物資輸入與輸出的碳足跡，就會發現事實上連「相對脫鉤」都沒有發生[10]（所謂碳足跡，是各種產品與服務，從收集原料到廢棄的整體過程中，溫室氣體的排放總量換算成二氧化碳的結果）。

所以，雖然「絕對脫鉤」在理論上看起來可行，但是在現實中，除了在雷曼金融風暴或新冠肺炎大流行等等、這種暫時性的經濟不景氣或非常時期之外，大規模且持續的「絕對脫鉤」可能性極低。

根本上來說，不論技術再怎麼進步，效率化有其物質上的限制。即使效率再怎麼提高，也不可能用目前一半的原料來製造汽車。

而且，回顧產業革命以來的資本主義歷史就會明白，二十世紀的經濟成長來自化石燃料的大量使用，兩者是密不可分的。因此，想要一方面維持同樣速率的經濟成長，同時降低二氧化碳的排放量，在物理上是極為困難的。這是不證自明的事實。

從這些事實的探討我們可以了解，把解決氣候危機的希望，寄託在以「絕對脫鉤」為根據的經濟成長，是一個錯誤。正因為如此，宣揚「絕對脫鉤」很容易、鼓吹這個「幻想」的「綠色經濟成長」策略，是很危險的東西。

## ◆傑文斯悖論——效率化將增加環境負擔

還有一個更糟的事實。那就是，一方面脫鉤需要效率化，但在此同時，效率化卻會讓我們更難處理氣候危機。

舉例來說，目前全世界對再生能源的投資，都在增加當中。儘管如此，化石燃料的消費量卻沒有減少。現實中，再生能源並不是被當作化石燃料的代替品，而是為了補充因為經濟成長而擴大的能源需求，是一種「追加消費」。

為什麼會這樣？有一種方法可以說明這個現象，那就是十九世紀的經濟學家威廉・史坦利・傑文斯（William Stanley Jevons, 1835-1882）在《煤炭問題》（一八六五年）一書中提出的「傑文斯悖論」。

當時的英國透過技術的進步，提高了煤炭的使用效率。但是，煤炭的使用量並沒有因此減少；相反地，因為煤炭價格降低、各種生產部門都開始使用煤炭，反而增加了消費量。換句話說，一般人理所當然地以為效率化可以減低環境的負擔，但事實正好相反；技術的進步反而增加了環境的負擔。傑文斯早在十九世紀就指出這個現象。

在我們的時代，這樣的現象也正在發生。新技術的開發提高了效率，使得商品的價格降低，直接導致消費量的增加，這樣的事層出不窮。電視機的用電量降低之後，人們紛紛換購越來越大型的電視，整體的電力消費量反而有增無減。SUV（運動型多用途車）等大型車的普及，使得汽車耗油量的降低失去意義，也是同樣的道理。乍看之下，新技術帶來的效率化似乎造成了「相對脫鉤」，但其效果經常因為消費量的增加而抵消，變得毫無意義。

此外，就算效率化使得某個生產部門或生活領域產生「相對脫鉤」，節省下來的資本或收入，也通常用來生產或購買更耗費能源與資源的商品。節省下來的部分，很容易就被抵銷掉。家用太陽能板如果降價，人們說不定就會拿省下來的錢，搭飛機出國旅行。企業如果有剩餘的資金，一定會去尋找新的投資標的，而且這新的投資對象不見得會是「綠色」的。

這是個諷刺的情況。一個部門或領域的「相對脫鉤」，反而使得整體的「絕對脫鉤」變得困難。

## ◆市場的力量無法阻止氣候變遷

里夫金等人提倡的氣候凱因斯主義，還有一個問題。氣候凱因斯主義的做法，是朝特定的方向刺激市場，並不對市場進行任何規範限制。然而，市場的價格機制，並不能發揮降低二氧化碳排放量的功能。

讓我們以「油峰」（又稱「石油頂峰」、「哈伯特頂點」）為例，來思考市場在這方面的無能為力。石油的產量一旦超過頂峰，供給量將會下降，原油價格會攀升，對經濟將產生不良的影響。這樣的「油峰」什麼時候會發生、又會對經濟產生什麼樣的影響，長期以來反覆引起許多討論。

關於這個問題，市場原理主義者是這樣想的：如果石油價格高騰，再生能源的新技術相對就顯得便宜，也就會引起進一步的開發。結果，石油的消費量自然就會持續逐步減少。

然而，現實並非如此。當原油價格上漲，資本主義就轉移方向，從過去相對成本較高的油砂（oil sands）和油頁岩（oil shale）提煉改質原油。企業會將價格的高漲，變成賺錢的機會。

儘管如此，可能還是會有人反駁，如果在技術上能持續具有前瞻性的創新，再生能源的價格將變得低廉，使用石油將變得不合成本。實際上，傑里米・里夫金就大力提倡以市場機制「瓦解化石燃料的文明」[11]。

但是，假定再生能源真的急速發展，石油的價格逐漸失去競爭力，石油產業會因此自動停業嗎？當然不會。越是確信將來石油價格會崩盤，他們越是會竭盡所能，在賣不出去之前全力開採，開採的速度反而會上升。那是他們垂死的掙扎。

如果發生這樣的情況，對於氣候變遷這種不可逆的問題來說，將是危險而致命的過錯。正因為如此，若是要減少溫室氣體的排放，需要強大的、市場外的強制力。

## ◆富人階層排放大量的二氧化碳

不管怎麼說，如果大規模的、恆常的「脫鉤」那麼困難，氣候凱因斯主義是不可能履行自己的承諾的。就算政治家可以用冠冕堂皇的「綠色新政」作為政見、贏得選舉，但解決環境危機的承諾，是無力實行的。

問題的根源在更深之處。簡單來說，我們到目前為止的經濟成長，是靠著大量生產與大量消費支撐起來的；而我們需要重新思考、審視的，就是這大量生產與大量消費。正因為如此，超過一萬名的科學家，在二〇一九年發表了共同聲明指出「氣候變遷與富裕生活方式的過剩消費有緊密的關係」，並且強烈呼籲世界必須從根本改變既存的經濟體制[12]。

無需贅言，因為「富裕的生活方式」而排放大量二氧化碳的，是先進國家的富裕層。一項驚人的資料指出，全世界一半的二氧化碳，是由前一〇%的富裕層所排放的。[13]特別是以私人噴射機與跑車代步、擁有許多大豪宅的前〇・一%的富人們，加諸環境的負擔是極為嚴重的。

另一方面，從底層算上來佔總人口五〇%的窮人們，所排放的二氧化碳，則只佔全世界的一〇%。儘管如此，氣候變遷的影響他們首當其衝。第一章所指出的帝國生活模式與外部化社會的矛盾，在這裡也可以看得清清楚楚。所以，主張富裕層應該率先減少排放量的批判，是完全正確的。這是帝國生活模式的問題。

事實上，據說只要把世界前一〇%富裕層的排放量，減到歐洲人的平均排放水準，就可以減少三分之一左右的排放量[14]。這一點如果能實現，就能為我們賺取大量的時間，讓世界進行永續社會基礎建設的轉換。

然而，我們必須先指出一件事實。生活在先進國家的我們，絕大部分屬於全世界前二〇%的富裕層。如果是日本，則有許多人會進入前一〇%的範圍吧！也就是說，我們自己必須以當事人的身分，徹底改變我們自己的帝國生活模式，否則是不可能解決氣候危機的。

## ◆電動車「真正的成本」

那麼，如果我們還是把希望寄託在「脫鉤」的可能性，繼續以經濟成長為目標進行綠色投資，市場持續擴大，情況會如何演變？讓我們以特斯拉之類的電動車為例，來思考這一點。

現在，世界上的燃油汽車排放出巨量的二氧化碳，這是毫無疑問的。正因為如此，我們迫切需要改用低碳車輛，國家也應該積極支援這樣的轉型。

同時正如前述，如果把燃油車全面替換為電動車，將會產生巨大的新市場與就業機會。藉由這樣的做法，氣候危機與經濟危機都將獲得解決。這是氣候凱因斯主義描繪出的理想。但是，世上沒有這麼好的事。

關鍵在於，二〇一九年讓日本科學家吉野彰，獲得諾貝爾化學獎的「鋰離子電池」。因為他的獲獎，鋰離子電池在日本也成為注目的焦點。不只智慧型手機和筆記型電腦，鋰離子電池對電動車來說也是不可或缺的一部分。但是這鋰離子電池的製造，需要大量各式各樣的稀有金屬。

首先當然需要「鋰」。世界上很大部分的鋰礦，蘊藏在南美洲安第斯山脈周邊。阿塔卡馬鹽沼所在地的智利，是「鋰」的最大生產國。

鋰是由地下水在乾燥的地區，經過長時間濃縮而成的。開採的方式，是從鹽沼的地下抽取含有鋰的鹽水，再將水分蒸發，從中取出鋰的成分。我們也可以說，開採鋰礦，和抽取地下水幾乎是同一個意思。

問題在於抽取的量。據統計，平均光是一間採礦公司，每秒鐘就要抽取一七〇〇公升的地下水。在原本就乾燥的地帶，這樣大量地抽取地下水，對當地的生態系統不可能不造成巨大的影響。

舉例來說，當地的鹽水湖中有一種蝦子，是安地斯紅鸛（又稱安地斯火烈鳥）的主要食物之一。而安地斯紅鸛的數量正逐年減少。此外，大量、快速地抽取地下水，也減少了當地居民可用的淡水[15]。

簡單來說，先進國家為了解決氣候變遷的問題，在全球南方尋找其他有限的資源以取代石油，進行更嚴重的開採與掠奪。說穿了，就是這麼一回事。然而同樣因為空間的轉嫁，我們仍然看不到這些行為。

還有，「鈷」也是製造鋰離子電池不可缺的元素。全球大約百分之六十的鈷，開採自剛果民主共和國。剛果是非洲最貧窮的國家之一，政治與社會都極度不安定。

鈷的開採方式非常單純，就是使用重型機具與人力，直接挖掘埋藏在地層下的鈷礦。為了供給全世界的需求，原本就已經非常龐大的開採規模，更是不斷擴大。無需贅言，鈷礦的開採造成水質與農作物污染，嚴重破壞了剛果的環境與景觀。

問題不僅如此，還要加上惡劣的勞動條件。在剛果南部，當地稱為「creuser」（法語「挖掘」的意思）的非正式奴工與童工非常普遍。他們只有鑿子與木槌等原始的工具，完全用手工採礦。其中也有六～七歲的孩童，一天的工資只有一美元左右。

而且，他們必須在危險的坑道內從事開採的工作，也沒有足夠的安全設備。一天待在地下的時間經常長達二十四小時，工作的時候不斷吸入有害物質，發生呼吸器官、心臟以及精神方面的疾病是常有的事[16]。最糟的情況是礦坑的意外事故，工人們慘遭活埋。每次有兒童死傷，就引起國際上的非難。

而在這全球供應鏈另一端的，不消說就是特斯拉、微軟與蘋果電腦。這些大企業的高層，不可能不知道他們所使用的鋰與鈷，是怎麼生產出來的。實際上在美國，人權團體就對他們興起了訴訟[17]。儘管如此，他們還是一副事不關己的樣子，繼續鼓吹透過技術革新來推進永續發展目標（SDGs）。

## ◆「人類世」的生態學帝國主義

結果，以「綠色經濟成長」為目標的先進國家，其真正的做法，不過就是將社會的、自然的成本費用轉嫁到周邊地區而已。第一章我們詳細描述了十九世紀秘魯海岸鳥糞石的開採。同樣的生態學帝國主義的結構，如今仍在南美與非洲一再重複上演，只是開採的對象變成稀有金屬而已。

問題不是只有鋰與鈷。伴隨著GDP的增長，鐵、銅、鋁的需求也持續擴大。這些資源的消費量，也在急速增加當中（圖表四）。

關於這一點，托馬斯．魏德曼（Thomas O. Wiedmann, 1961-）等環境學家，將國際貿易的影響納入補正資料，重新計算物質足跡（Material Footprint，簡稱MF）[18]。

所謂物質足跡，是顯示我們所消費的天然資源的指標。

根據他們的研究，即使是先進國家，在補正之後，經濟成長與MF並沒有發生「脫鉤」。先進國家的國內物質消費量（DMC）的確是減少了，但如果加上進口資源的MF就可以看得很清楚，各國的MF與實質GDP幾乎以完全相同的比例增長擴大。先進國家的「脫鉤」——不論是相對或絕對——終究只是一時的。研究者指出，近年來GDP與MF之間，正在發生「recoupling（重新掛鉤）」[19]。

事實上，全球包含礦物、礦石、化石燃料與生物質在內的資源總消費量，一九七○年是二六七億噸，二○一七年則已超過了

**圖表四　礦物生產量之增加率**

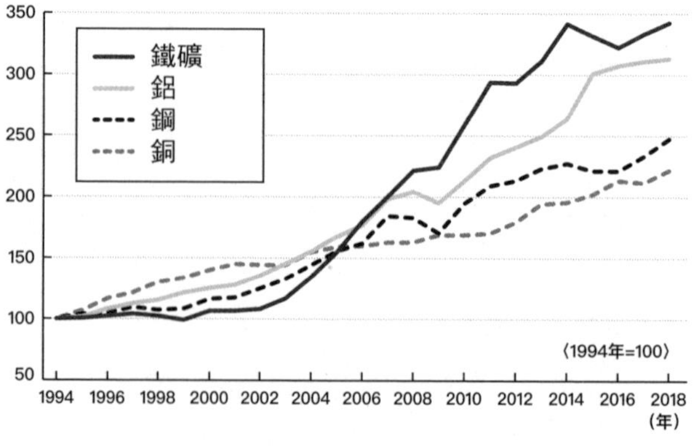


以US Geological Survey, National Minerals Information Center, "Mineral Commodity Summaries." 1994-2019之資料製作

一〇〇〇億噸。根據推算，二〇五〇年，恐怕會達到一八〇〇億噸。

另一方面，回收再利用的資源，僅佔整體的八．六％。不僅如此，在資源消費量急速擴大的情況之下，其比例事實上不斷降低。雖然先進國家不斷聲稱，透過將經濟活動的重心移向ＩＣＴ（資訊通信技術）產業與服務業，「資本主義的去物質化」有長足進展，但從上述的事實我們可以得知，所謂的「去物質化」完全沒有發生[20]。

無論如何，有一點是很清楚的：目前的這種經濟型態，不可能永遠保持下去。困難的不是只有「充分的絕對脫鉤」。有部分人期望以「循環型經濟」來實現永續的社會，但這樣的主張會誤導我們的認知。光是循環是不夠的，我們必須從根本上減少資源的消費量。

先進國家的氣候凱因斯主義，追求資本主義體制下的「綠色經濟成長」。但這種想法的未來是一片黑暗。確實，在一國之內實施謳歌「綠色」的經濟政策，或許是可能的。但是，對周邊地區的掠奪將會越來越嚴重。因為，「掠奪」正是核心地區國家追求環境保護的條件。

## ◆技術樂觀論無法解決問題

還有更糟的情況。甚至連先進國家國內的綠色政策，效果也值得懷疑。首先，每個家庭都有好幾部汽車——就算是電動車也是一樣——的狀態，是絕不可能永遠保持下去的。更何況，像特斯拉與福特等汽車公司促銷SUV型電動車的販賣計畫，只能強化既存的消費文化、浪費更多的資源而已。他們的做法，正是「漂綠」的典型。

實際上，電動車的生產、其原料的開採過程，也都要使用石油燃料，排放二氧化碳。而且，為了補足因為電動車而增加的電力消費量，需要越來越多的太陽能板與風力發電的裝置。為了製造這些發電裝置，需要開採更多資源，排放更多二氧化碳。環境當然會遭到破壞。這正是「傑文斯的悖論」。最終的結果，環境危機只會繼續惡化下去。

這裡有一個決定性的數據。根據IEA（國際能源署）的預估，到了二〇四〇年，電動車的數量將從現在的兩百萬部，增加到兩億八千萬部。然而據他們的推算，這個汽車型態的轉變，只會減少全世界一％的二氧化碳排放量[21]。

為何如此？首先，將燃油車換成電動車，並不能減少太多的二氧化碳排放。原因是，蓄電池的大型化，會讓製造過程中產生的二氧化碳越來越多。

從上述的考察我們可以了解，一旦我們把目光放到生產的過程，就會發現所謂綠色的技術，並不是那麼「綠色」[22]。生產的實際過程被放到黑箱裡，事實上仍然只不過是將一個問題轉嫁到另一個問題而已。因此，雖然改用電動車與太陽能發電的確是必要的，但若是將未來託付給技術樂觀論，將會造成致命的錯誤。

儘管如此，氣候凱因斯主義的訴求——一〇〇%轉向電動車與再生能源——聽起來或許還是很有吸引力。然而，那是因為氣候凱因斯主義承諾我們，不需要改變自己的帝國生活模式——換句話說，自己什麼也不用做——就可以有永續的未來。用洛克斯特洛姆的話來說，那正是「逃避現實」。

## ◆新技術可以除去大氣中的二氧化碳？

如果引進電動車並不能減少二氧化碳排放量，主張「綠色經濟成長」的人就不得不把希望寄託在更厲害的技術上。如果減少排放量困難，不如就來開發可以除去大氣中二氧化碳的技術。這樣的技術被稱為「負排碳技術」（negative emissions technologies），簡稱NET。

如果NET能實現，「絕對脫鉤」將變得非常容易。聯合國的IPCC（政府間氣候變化專門委員會）公布的「一．五℃特別報告書」（二〇一八），也將NET納入抑制氣溫上升的方案之中。對氣候凱因斯主義來說，NET是他們寄予厚望的新星。

然而，氣象學家指出，IPCC以NET為前提的方案，有太多問題[23]。首先，NET是否真的能實現，是一件無法確定的事；而且就算能實現，也可以想像會有很大的副作用。

讓我們來看看NET的一個代表性構想，BECCS（Bio-energy with Carbon Capture and Storage，生物能源與碳捕獲和儲存）的技術。所謂BECCS，是希望以生物能源（BE）達到零排放，同時回收大氣中的二氧化碳，將其貯藏在地底與海洋中（CCS），讓二氧化碳排放量變成負數。

然而，即使BECCS真的實現了，問題也不會那麼簡單就解決。如果以「綠色經濟成長」為目標，BECCS的規模就必須配合不斷擴大的經濟規模，而不斷擴充。

首先，如果要推行生物能源，需要龐大的農地。根據估算，如果要將氣溫上升控制在二℃以下，需要的農地面積是印度國土的兩倍大。要如何取得這麼大面積的土地？難道我們還要去壓迫印度與巴西，奪走當地人生產糧食的土地嗎？還是去砍伐亞馬遜流域的熱帶雨林，來當作生物質的栽種用地？如果是這樣，就失去削減二氧化碳排放量的效果了。

CCS也有問題。CCS所需的發電設備，必須使用大量的水。根據估算，光是要提供美國一地的電力，每年就要用掉一三〇〇億噸的水。當前農業的大量用水已經是個嚴重的問題，而因為氣候變遷的關係，今後水會成為越來越貴重的資源。為了CCS而使用如此大量的水，是不可能做到的事。此外，若是因為CCS而將大量的二氧化碳注入海底，海洋的嚴重酸化是無可避免的。

簡單來說，BECCS只能成為大規模「轉嫁」──馬克思提出的問題──的技術而已。

## ◆IPCC的「知性遊戲」

談到這裡，我們明白了一件事。只是為了繼續使用化石燃料，就浪費龐大的、其他的自然資源，加重環境的負擔，這樣做到底有什麼意義？我們應該做的，難道不是建立不依賴化石燃料的社會嗎？不管怎麼想，BECCS都是個低劣的解決方案。

但是，IPCC的報告書（AR5）中，幾乎所有的二℃方案都包含像BECCS那樣充滿問題的「夢幻的」技術。撰寫報告書的專家們，當然都知道BECCS在現實上是不可能的。儘管如此，他們還是用這非現實的過程，建立複雜的模型，繼續撰寫各種「故事腳本」。

這也難怪洛克斯特洛姆，要批判這些東西只不過是學者們的「知性遊戲」。那些第一流的專家們，不應該把貴重的時間浪費在這樣的事情上。他們應該要教育民眾，告訴民眾我們必須怎麼做以阻止危機的發生，同時好好地向政治家與官僚們說明，為什麼我們必須採取更大膽的對策，不是嗎？

也許有人會覺得奇怪，為什麼IPCC會陷入這麼單純的自我矛盾中？理由很簡單。IPCC提出的模型，以經濟成長為前提，掉入「經濟成長的陷阱」裡。只要是以經濟成長為前提，他們除了仰賴NET之類的技術，別無他法。

## ◆「滅亡的道路，是由善意鋪設而成的」

從上述的討論我們可以明白，雖然電動車的引進、再生能源的轉換都是必要的，但如果我們的目標是維持現在的生活模式，就很容易被資本的邏輯收編，掉入「經濟成長的陷阱」。

我們的消費文化，將「擁有汽車」視為一個人「獨立」的象徵。為了避開經濟成長的陷阱，我們必須放掉這樣的消費文化，減少物質、物品的消費量。就算要使用新技術的力量，也必須大刀闊斧地改變資本主義本身。所以，光靠氣候凱因斯主義，是不足以解決問題的。

為了避免誤解，最後讓我們再重複一次。「綠色新政」所主張的、透過政府的政策進行國土改造、從事大型投資，是不可或缺的。當然，我們也必須儘速切換成太陽能發電與電動車。同時，我們也必須透過大膽的財政措施，擴充免費的公共交通、鋪設自行車道、並且建設附設太陽能板的公營住宅。

然而，光有這些是不夠的。或許聽起來矛盾，但「綠色新政」真正應該要有的目標，不是帶領我們走向毀滅的經濟成長，而是縮小經濟規模與減緩經濟活動的速度。

原本氣候變遷的對策，就不應該是經濟成長的手段，而應該以阻止氣候變遷為目的。放棄追求更進一步的經濟成長，才能提高阻止氣候變遷的可能性。鋰與鈷的開採，在智利與剛果引起的問題或許也可以緩和下來（當然，對環境的破壞還是會發生）。

相反地，對於以無限經濟成長為目標的「綠色新政」，我們能說的話只有一句：「滅亡的道路，是由善意鋪設而成的」[24]。

## ◆去物質化社會的神話

上述的主張，對許多讀者來說，一定是非常刺耳。然而，在長年研究後得到這個見解的，並非只有洛克斯特洛姆。歷史學家瓦茲拉夫．許米爾（Vaclav Smil, 1943-）——據說比爾．蓋茲是他的忠誠讀者——也在二〇一九年出版的《成長》（*Growth*）一書中，如此明確地表達自己的立場：「物質方面的持續成長（中略）是不可能的。甚至連去物質化——以更少的資源做更多事的承諾——也不可能免除這樣的限制[25]」。

就像許米爾所指出的，經濟活動的重心移向服務業，並不能解決問題。舉例來說，休閒活動是非物質性的；但是據統計，人類休閒活動的碳足跡，佔了全體的二五％[26]。還有，傑里米・里夫金所讚揚的，運用IoT（Internet of Things，物聯網）的資訊經濟之發展，也不能解決問題。乍看之下，我們說不定會認為，現代資本主義正逐漸提高精神勞動的比例，將來會創造出去物質化的經濟體系。然而在現實中，電腦與伺服器的製造與運作，都會消耗龐大的能源與資源；即使雲端化也是一樣。仰賴ICT（Information and Communications Technology，資訊及通訊科技）的「認知資本主義」，也距離去物質化與脫鉤非常遙遠。簡單來說，那也是「神話」。

結果，不管是佛里曼或里夫金，都沒有對這些疑問，提出具有說服力的答案。對於不利的事實，他們保持完全的沈默，只是一味地鼓吹好處。

## ◆氣候變遷無法阻止嗎？

看了以上的事實，讓我們不禁懷疑，提倡「綠色新政」的人，真的想要阻止氣候變遷嗎？甚至有些「綠色新政」主張的並不是「阻止」或「緩和」氣候變遷，而是要我們「適應」氣溫上升三℃的世界，以達到經濟成長的目的。這種「適應」的策略，和「負排碳技術」與核能發電是綁在一起的。

這正是美國著名的環境智庫「突破研究所」（Breakthrough Institute）大力推動的方案。這也是史蒂芬・平克（Steven Arthur Pinker, 1954-）與比爾・蓋茲等，重視「適應」氣候變遷的人士共有的看法。

但是，這種所謂「適應」的做法，只能以「氣候變遷已經無法阻止」為前提。在還有可能性的時候就放棄，不嫌太早嗎？首先我們應該盡全力，做所有可以做的事，不是嗎？

常常有人說，如果採取真正能阻止氣候變遷的措施，我們的生活規模將會退後到一九七〇年代後半的水準[27]。以日本人的情況來說，有些事我們沒辦法再做了。我們不能再輕易地，只為了在紐約度過三天就搭飛機旅行；我們也不能再在解禁的當天，就喝到空運而來的薄酒萊新酒。但是，這些事實際上會為我們的生活造成多大的影響？和地球平均溫度升高三℃比起來，這些只不過是微不足道的變化而已。一旦平均氣溫升高三℃，法國葡萄酒將無法繼續生產，我們永遠再也喝不到。

我當然知道，「降低生活水準」不是個有魅力的政治訴求。但是，只因為任務艱巨困難，就故意忽略事實；為了贏得選舉，就固執於討好一般民眾的「綠色經濟成長」——這樣的做法不管背後有多大的善意，都只能說是假裝關心環境的「漂綠」。

像這樣逃避現實的做法，只會強化帝國生活模式，並造成對周邊地區的剝削與壓迫。但是，如果我們繼續這樣做下去，在不久的將來，一定會得到報應。

## ◆棄成長的選項

如果決意停止「綠色經濟成長」這種逃避現實的做法，等著我們的是許許多多嚴峻的問題。我們決心減少二氧化碳排放量，到什麼程度？成本將由誰來負擔？一直以來，先進國家所享受的帝國生活模式對全球南方所造成的損害，該怎麼賠償？轉向永續經濟的過程中，仍免不了對環境造成某種程度的破壞；這個問題該怎麼處理？

這些問題不容易找到答案。本書想要提出的一個選項，是「棄成長」。當然，並不是選擇了「棄成長」的道路，一切就可以得到解決；時間很有限，我們不一定來得及。

儘管如此，為了避免最壞的情況發生，「棄成長」是我們絕對不能放手的理念。從下一章開始，我們將詳細探討。

當然，這時候重要的問題是，我們應該以什麼樣的棄成長為目標？

第三章

# 破除「在資本主義體系內棄成長」之幻想

## ◆從經濟成長走向「棄成長」

我們已經在第二章中明白指出，想要一方面維持經濟成長，一方面以足夠的速率減少二氧化碳排放量，幾乎是不可能的。「脫鉤」是極度困難的。若是如此，我們除了放棄經濟成長，將「棄成長」視為氣候變遷對策的唯一選項、認真檢討，沒有別的辦法。那麼，我們需要的是什麼型態的棄成長？這是本章的課題。

不過，首先有一件事必須確認。在這個世界上，有幾十億的人沒有電力與清潔安全的水可以用，無法受教育，甚至連基本的食物都不夠。對這樣的人來說，經濟成長當然是必要的。

因此，發展經濟學向來主張，經濟發展是解決南北問題的關鍵。實際上，長期以來國際間一直有各式各樣的發展援助在進行。我完全沒有否定這種做法的善意與重要性的意思。

然而，以經濟成長為中心的發展模型，正逐漸走到窮途末路。對世界銀行與國際貨幣基金組織的批評聲浪越來越大，這也是事實[1]。

近年來在歐美備受矚目的政治經濟學家凱特・拉沃斯（Kate Raworth, 1970–），就是批判者之一。長年在「樂施會」（Oxfam）這個國際發展與救援的非政府組織中研究南北問題的結果，促使她批判主流派經濟學，並且支持「棄成長」的立場。

本章要探討的問題，就是在這「人類世」的時代中，我們需要的是什麼樣的「棄成長」？首先，讓我們來聽聽看拉沃斯的說法。

## ◆甜甜圈經濟——社會的基礎與環境的上限

拉沃斯論述的出發點，是下述這個問題：「在地球的生態學限制下，何種程度的經濟發展，能讓人類全體得到繁榮」？她用「甜甜圈經濟」的概念，來解答這個問題（圖表五）。

從這個圖表可以看出，甜甜圈經濟的內圈表示「社會的基礎」，外圈則是「環境的上限」。

首先，人若是在用水、所得、教育等等，基本的「社會的基礎」匱乏的狀態下生活，是不可能繁榮的。人擁有自由良好生活的「潛在能力」，但實現這樣的「潛在能力」需要一定的物質條件。而所謂缺乏「社會的基礎」，意思就是欠缺這樣的物質條件。如果人們無法充分發揮其原本具有的能力，那麼「公正的」社會是決計無法實現的。而今天，發展中國家的人們所處的，就是這樣的狀態。

但是，人不能只為了發揮自己的潛在能力，就任性恣意、胡作非為。為了未來世代的繁榮，持續可能性是不可或缺的。為了持續可能性，現在的世代必須克制自己，在一定的限度內生活。那就是以「地球限度論」——我們在第二章已經看過——為依據的「環境的上限」，構成了「甜甜圈」的外緣。

拉沃斯基本的想法，簡單來說，就

**圖表五　甜甜圈經濟之概念圖**

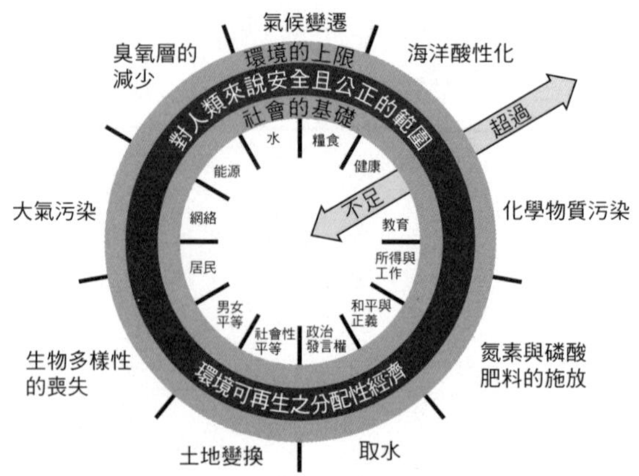


根據凱特・拉沃斯“*Doughnut Economics: Seven Ways to Think Like a 21st-Century Economist*”（《甜甜圈經濟學》）之資料製作

是設計一個全球性的經濟體系，讓盡可能多的人進入這上限與下限之間的範圍。如果能做到這點，就可以實現永續且公正的社會[2]。

然而，就像我們一再確認過的，當今先進國家的人所過的生活，遠遠超過了地球的極限。另一方面，發展中國家的人，則被迫生活在社會基礎嚴重不足的狀態下。當今的體系，不僅嚴重破壞環境，而且是不公正的。

## ◆為了糾正不公正，我們所需要的

拉沃斯提出的問題造成很大的衝擊，超越政治經濟學的範疇，激發了許多跨領域的研究。其中之一，就是環境經濟學家丹尼爾·歐尼爾（Daniel W. O'Neill, 1977-）等人的定量研究。這個研究使用拉沃斯「甜甜圈經濟」的概念，測量了約一五〇個國家的各種具體數值，呈現出有多少國家生活在這個「甜甜圈」的範圍之中。[3]

然而，這項觀察生活品質與環境負擔之間相關關係的研究顯示，達成社會性門檻的項目數越是增加，超越地球限度的傾向也越明顯。除了越南以外，幾乎所有的國家都為了滿足社會的欲求，而犧牲了持續可能性。

這是非常糟糕的情況。因為，以既存的先進國家為模範，對開發中國家進行援助、以滿足社會性的門檻，這件事從地球整體的觀點來看，卻是走向毀滅的道路。

不過根據拉沃斯的看法，就算會消耗比現在更多的資源與能源，但為了實現公平公正所必須增加的負擔，其實比一般人想像的要少很多。

比方以糧食方面來說，只要增加目前全世界卡洛里總供應量的一％，就可以救助八億五千萬人，讓他們免於飢餓。據統計，目前沒有電力可以使用的人口約有十三億人，但只需要增加一％的二氧化碳排放量，就可以提供他們電力。世界上有十四億的人，每天能使用的生活費不到一．二五美元；而只要拿全世界所得的○．二％來重新分配，就可以讓他們免於貧困[4]。

還有一件事——雖然拉沃斯沒有提到這一點——實現民主主義，並不會增加環境的負擔。

經濟上的平等也是如此。如果減少軍事費用，並且降低政府對石油產業的補助，將節省下來的金額重新分配，並不會增加環境的負擔。不僅如此，應該會改善環境吧。

從上述的討論我們可以了解，南北嚴重的落差，極為不公正。但就算固執於經濟成長，也可以在不繼續加重環境破壞的情況下，某種程度改善這樣的現象。

## ◆經濟成長與幸福度有相關關係嗎？

拉沃斯還指出另外一件重要的事。經濟成長一旦超過某個程度，它與人們生活水準的提升之間，就不再看得到明確的相關關係。許多人認為，只有經濟成長可以帶來社會的繁榮。可是一旦超過一定的經濟水準，這個前提就不再那麼清楚。

如果我們比較美國與歐洲各國，應該就很容易看出這一點。包括德、法、北歐諸國等等，許多歐洲國家的人均GDP比美國低。但是，這些國家的社會福利，整體有很高的水準；有很多國家提供人民免費的醫療與高等教育。相反地，在美國有許多人因為沒有保險，生病無法接受治療；很多學生無力償還高額的就學貸款，而苦不堪言。

再舉一個身邊的例子。雖然日本的人均GDP比美國低很多，但日本人的平均壽命，比美國高了將近六歲[5]。

簡單來說，如何組織生產與分配？如何配置社會資源？這些問題都會大大改變社會的繁榮與否。不管經濟再怎麼成長，如果成果只由一小部分人獨佔、沒有進行再分配，那麼大多數的人將無法實現他們的潛能，而變得不幸。

反過來說，即使經濟不再成長，如果能妥善分配既有的資源，社會就有可能比現狀更為繁榮。

因此，我們必須更認真思考一件事：在資本主義體系底下，資源的分配是否可能經常保持公正？

## ◆公正的資源分配

但是有一個難題——公正的資源分配，不只是一個國家內部的問題。全球性的公正與持續可能性，要如何一起實現？我們被迫面對這非常巨大的問題。

思考這個問題絕非偽善，這一點還希望讀者們不要誤解。氣候變遷的問題已經讓我們看得很清楚，地球只有一個，全世界的命運是連結在一起的。先進國家為了能繼續浪費，為了賣出自己國家的產品，而希望發展中國家也可以走上同樣的經濟發展的道路。不論怎麼想，這種做法都是不可能永遠繼續下去的。

如果世界整體不轉變為「永續且公正的社會」，最終來說，地球將會變成人類無法居住的環境，就連先進國家的繁榮，也將受到威脅。

話雖如此，這世界上還是有很多人，從來沒有達到過甜甜圈經濟的內緣，我們必須讓他們提升生活水準。然而，這將會導致世界整體物質足跡的擴大。目前環境問題有許多領域，早已跨過了地球極限的臨界點。在這種現狀下，物質足跡的擴大將帶來致命的結果。

因此，那些先進國家已經使用龐大的能源，還要追求更進一步的經濟成長，很明顯是不合理的。更何況，經濟成長並不會增進太大的幸福度。

而且，同樣的資源與能源如果用在全球南方，將會為生活在當地的人，大幅度提高幸福度。如果是這樣，碳預算（Carbon budget，還可以排放的二氧化碳量）不是更應該保留給這些人嗎？

換句話說，如果我們的立場是「讓現在為飢餓所苦的十億人繼續受苦就好」、「將來的世代因為地球環境的惡化而受苦也沒關係」，那是另外一回事。但如果我們的立場不是這樣，那麼先進國家不是更應該放棄經濟成長，主動減少物質足跡嗎？

正因為如此，拉沃斯與歐尼爾才會主張，我們應該嚴肅地檢討，將經濟型態轉變為「棄成長」或「穩定型經濟」[6]。到這部分為止，這兩位的看法本書是全面贊同的。

## ◆資本主義無法實現全球性的公正

然而，拉沃斯與歐尼爾的主張之中，殘留著一個決定性的重大疑問。那就是，他們絕口不提資本主義體系的問題。從這裡，我們可以若隱若現地看到既有的「棄成長派」的特徵，那就是盡力避談資本主義的問題。但是，真正的問題就在這裡——在資本主義之下，究竟有沒有可能保持恆久的、公正的資源分配？

如果從「全球性的公正」這個觀點來看，資本主義是完全無法發揮功能、完全無用的東西。我們在第一章與第二章的論述中已經看到，資本主義要維持運作，靠的就是「外部化」與「轉嫁」；如何能期待它實現全球性的公正？而如果我們放任不公正的情況不管，人類全體的生存機率將會大大降低。

讓我們再說一次——在這個環境危機的時代，我們不能只以自己的生存為目標。就算犧牲別人來換取一些時間，但地球只有一個，最終我們是無處可逃的。

大多數日本人的所得水準，在世界前一〇%～二〇%的範圍。眼下看起來，我們的生活是安穩舒適的。然而，如果我們持續目前的生活方式，全球性的環境危機將更為惡化。到那時候，大概正剩下頂端一%的超富階層，能維持今日的生活方式吧。

因此，「全球性的公正」並不是抽象的、偽善的人道主義。希望每個人都可以在割捨、犧牲他者之前，用他者的立場，設身處地想一想——同樣的遭遇，明天或許就輪到我們頭上來了。即使我們最終只關心自己的生存，也必須以公正、永續的社會為志向。只有公正、永續的社會，最終才能提高人類全體的生存機率。

因此，生存的關鍵，就在於「平等」。

## ◆未來的四個選項

如果以「平等」作為思考的軸心，在這個「人類世」的時代，我們有什麼樣的未來可供選擇？首先，讓我們俯瞰所有可能的選項。

圖表六的橫軸，表示平等的程度。越往左邊，越偏向平等主義；右邊，則是認同自我責任論的立場。縱軸表示國家權力的強弱。越往上，國家的權力就越大；越往下，則越重視人們自發性的相互扶助。

首先，讓我們分別來看看未來的這四種選項[7]。

### 1 氣候法西斯主義

強烈希望維持現狀，沒有任何作為，堅持資本主義與經濟成長。氣候變遷將造成非常巨大的災害。在不遠的將來，大多數人將無法擁有像樣的生活。人們將失去住所，產

**圖表六　未來的四個選項**

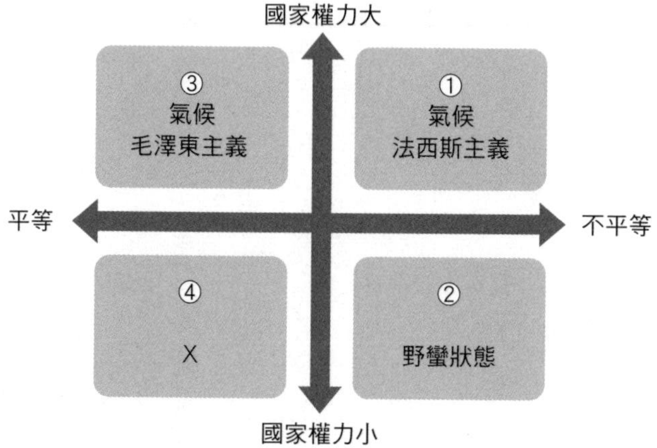

生大量的環境難民。

不過，一小部分的超富階層則另當別論。擅長趁火打劫的資本主義，會將環境危機轉化為商機，為超富階層帶來更多的財富。國家守護這些特權階級的利害關心，並且嚴格取締威脅到其秩序的環境弱者、環境難民。這是第一個可能的未來，「氣候法西斯主義」。

## 2　野蠻狀態

然而，如果氣候變遷持續進行，環境難民將不斷增加，糧食生產將無法維持原有的規模與水準。結果，苦於飢餓與貧困的人們，將群起反抗。一％的超富階層與其餘的九九％相爭，勝利的應該是後者吧！強權統治體制將因為大眾的叛亂而瓦解，世界將陷入混沌的狀態。人們不再相信任何統治機構，各自只為自己的生存打算，社會退回到霍布斯所說的「自然狀態」，也就是「所有人對所有人的戰爭」。這是我們第二種可能的未來，「野蠻狀態」。

### 3 氣候毛澤東主義

這是社會為了避免淪入最糟的「野蠻狀態」，而引來的統治型態。為了避免「野蠻狀態」，必須緩和「一％對九九％」的貧富差距，並且採取由上而下的氣候變遷對策。自由市場與自由民主的理念將遭到捨棄，成立中央集權的獨裁國家，以進行更「有效率」、更「平等主義」的氣候變遷對策。讓我們稱它為「氣候毛澤東主義」。

### 4 X

然而必定有一種方法，可以對抗專制的國家主義，也可以讓社會避免「野蠻狀態」。人們不依賴強力的國家機器，自發性地以民主的方式相互扶助，用這種方式來面對氣候危機，絕對是可能的。那必定是公正且永續的未來社會。我們還不知道要怎麼稱呼它，就暫且稱它為「X」吧！

看到這裡，相信讀者們都已經了解，本書最終所期望的未來，是第四個選項。那是人類守護自由、平等、民主、並且生存下去，唯一、最後的機會。從現在開始，就讓我們來仔細看清楚，「X」究竟是什麼？

## ◆為什麼在資本主義底下，無法「棄成長」？

「X」是什麼？並非毫無頭緒。事實上，我們早已得到線索。那就是「棄成長」。

要克服環境危機，為什麼需要「棄成長」？只要看過本書到目前為止的討論，相信讀者們都可以了解。我們在第二章清楚看到，「綠色經濟成長」的路線，無法維護讓人類全體繼續生存的地球環境。「脫鉤」只是一種「幻想」；不論是否冠上「綠色」二字，經濟成長必然會增加環境負擔。任何政策，只要還繼續追求經濟成長，就不可能挽救全球性的環境危機。氣候變遷，就是這環境危機最明顯的徵候。

因此，我們需要不同於氣候凱因斯主義的、全新的理性思考方式。換句話說，不依賴經濟成長的、「棄成長」的經濟體系，成為強而有力的選項。這也是拉沃斯等人的結論。所謂「棄成長」，是一種以人類與自然為最優先的企劃，同時也要為失控暴走的資本主義踩剎車。這個想法很好。這是對的。

但是，我們有可能一方面維持資本主義體系，一方面「棄成長」嗎？這是我們必須認真思考的問題。

拉沃斯等人認為，如果我們修正新自由主義的做法，馴服資本主義，就可以在資本主義底下實現「棄成長」的目標。但接下來我們將指出，這種半吊子的想法是如何地不切實際。因為，破壞地球環境的元兇，正是追求無限經濟成長的資本主義體系。沒錯，資本主義正是包含氣候變遷在內，種種環境危機的原因。

所謂的資本主義，是一種為了價值的增長與資本的積累，不斷開拓更大、更多市場的經濟體系。長久以來，在這個開拓市場的過程中，資本主義將環境負擔轉嫁到外部，同時對自然與人進行掠奪。就像馬克思所說的，這個過程是一種「無止境」的運動。為了增加利潤的經濟成長是絕對不可能停止的，這是資本主義的本質。

為了追求利潤，資本主義是不擇手段的。即使是氣候變遷等等、嚴重的環境危機，對資本主義來說，也是獲得利潤的機會。如果山林火災增加，就可以賣出更多火災保險。蝗蟲災害增加，農藥的銷售量也會提升。就算「負排碳技術」會侵蝕地球的環境，對資本來說卻是商機。所有的災難、災害，都是資本賺錢的機會。

就算這些危機持續惡化，受苦的人越來越多，資本主義也會發揮它強韌的適應力，直到最後一刻都能找到獲取利潤的機會。即使環境危機就在眼前，資本主義也不會自行停止。

所以，照這個樣子下去，資本主義將徹底改變地球的表面，把它變成人類無法生存的環境。那將是「人類世」這個時代的終點。

因此就從這一刻起，我們必須立刻起身，認真對抗以無限經濟成長為目標的資本主義。如果我們不親手阻止資本主義，人類的歷史將就此結束。

氣候危機的對策，應該設立什麼樣的目標？這一點在第二章也討論過。一個簡單易懂的標準，就是將生活降低到一九七〇年代後半的水準。不過，如果我們這麼說，也許又有人要反駁——當時不也是資本主義嗎？那麼，難道不能用「七〇年代的資本主義」來脫離環境危機嗎？

然而這種說法乍看有理，事實上不然。因為，資本主義曾經在七〇年代，陷入嚴重的系統危機。而為了克服當時的危機，幾乎全世界都引進了名為「新自由主義」的一連串政策。新自由主義推動了民營化、管制的解除、以及緊縮政策，擴大了金融市場與自由貿易，開啟了全球化的序幕。當時，那是資本主義延續生命唯一的方法[8]。

因此，我們是無法回到「七〇年代的資本主義」的。就算真的回去了，以資本的自我增長為目標的資本主義，也不可能停留在原地。如果資本主義停在當時的階段，停止利潤的追求，必定會發生同樣的系統危機，不久之後就會被迫走上同樣的路，環境危機也會繼續嚴重下去。

所以，積極面對環境危機、抑制經濟成長的唯一方法，就是我們親手阻止資本主義，朝向「棄成長型」的後資本主義，進行社會經濟體系的巨大轉換。

## ◆為什麼貧窮會一直持續？

但是，就算我們再怎麼說明「棄成長」是克服危機必要的選項，一定還是有很多讀者持反對態度吧！

特別是一聽到「棄成長」，我們的腦子裡大概會立刻浮現「清貧」二字吧！能這樣悠哉悠哉，提倡清貧思想的人，都是一些不知道勞動者有多辛苦的有錢人吧！……一定有很多人這樣想。

如果整體沒有成長，可以再分配的「大餅」也不會增加，財富也不會流向貧困階級的人。換句話說，不會產生「下滲」（trickle-down）[9]的現象。

從某方面來說，這樣的批判是正確的。現在的體系制度，是以經濟成長為前提而設計的。在這樣的社會中，如果成長停止，將會帶來悲慘的後果。

然而，還是有疑問。資本主義明明已經發展到這個高度了，為什麼居住在先進國家的大多數人仍然如此「貧窮」？這不是很奇怪嗎？

先進國家大多數的上班族每天辛勤工作，但薪水付完房租、手機費用、交通費、同事聚餐的費用之後，一眨眼就所剩無幾，只能拚命節省餐費、服裝費、以及交際費用。儘管如此，要靠那一份薪水維持生活，仍然是捉襟見肘，如果再加上就學貸款或房貸，更是雪上加霜。如果這不是「清貧」，那是什麼？

到底經濟要成長到什麼地步，才能讓人人都享有豐裕的生活？以經濟成長為目標，進行「伴隨著疼痛」的結構改革、量化寬鬆，

**圖表七　各國勞動分配率之下降**

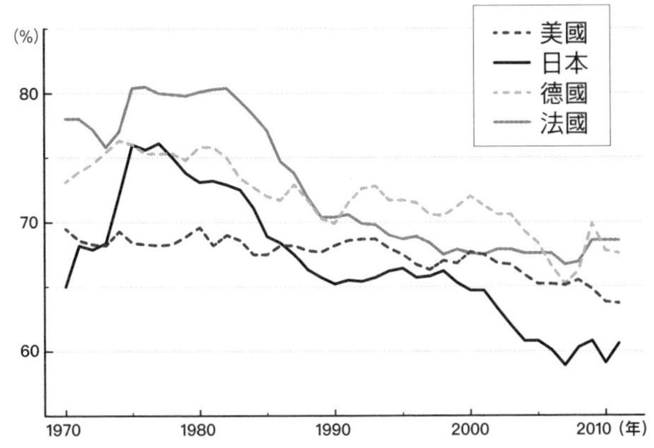


根據OECD.Stat的資料製作

只會造成勞動分配率不斷下降、貧富差距持續擴大而已，不是嗎（圖表七）？而且，我們究竟要為了經濟成長，犧牲自然到什麼時候？

## ◆日本的特殊情況

儘管一味追求經濟成長是如此地不合理，但是在日本，「棄成長論」卻一直得不到支持，有其特殊的原因。許多人認為，「棄成長」只是一種「漂亮話」；鼓吹「棄成長」的人多半來自「團塊世代」（譯按：泛指一九四六～一九五四年間出生的日本人）。他們在年輕時充分享受了高度經濟成長的各種好處，從職場的第一線退下來後，卻開始主張「日本的經濟就這樣緩緩地衰退也沒關係」。這件事造成就職冰河期世代的強烈反感。上野千鶴子與北田曉大之間的師徒論戰[10]，就像是這場世代戰爭的縮影。

「棄成長 vs.經濟成長」的對立，原本是攸關人類生存的問題；但是在日本，卻被矮化為經濟上倍受恩寵的團塊世代、與窮困的冰河期世代之間的對立。而且，「棄成長」與「緊縮」政策被密切連結在一起。

另一方面，通貨膨脹論者（reflationist）與MMT（現代貨幣理論）的「反緊縮」論點，被當作世界最先進的思想而引進日本，獲得就職冰河期世代的廣泛支持，彷彿是對團塊世代「棄成長論」的一種反撲。

當然，「反緊縮」以人們的生活為第一優先考量，的確是了不起的想法。但是日本的反緊縮論述，欠缺一個決定性的視點——也就是本書的主題——氣候變遷的問題。

上一章我們也曾提到，率先提出反緊縮政策的政治家們——不論是美國的伯尼．桑德斯、或是英國的傑瑞米．柯賓（Jeremy Corbyn，編按：英國政治人物、前工黨黨魁）——最引人注目的主張之一，就是「綠色新政」。換句話說，他們主張以基礎建設的更新、生產方法的改革，作為氣候變遷的對策。然而他們的反緊縮政策被介紹到日本來的時候，氣候變遷的視點卻完全消失不見。結果，日本經濟論壇的所謂「反緊縮」理論，和過去主張透過貨幣量化寬鬆、公共投資，藉以在資本主義體制下追求經濟成長的理論比起來，並沒有任何進步。

## ◆批判資本主義的Z世代

另一方面在海外，支持桑德斯等「左派民粹主義」的，多半是千禧世代（一九八〇～一九九〇年代出生者）與Z世代（一九九〇年代後半～二〇〇〇年代出生者），比在日本提倡反緊縮的人還年輕。他們的明顯特徵，就是具有極高的環境意識，對資本主義採取批判的態度，甚至因而被稱為「左傾世代」（generation left）。事實上某些輿論調查顯示，美國的Z世代有一半以上對社會主義的肯定，超過對資本主義的認同。[11]經常有人說，一九九〇年代後半到二〇〇〇年代出生的Z世代是「數位原住民」（digital native）。他們可以自由地操作最新的科技，和世界各地志同道合的夥伴聯繫。這樣的成長背景，為他們培養出「地球公民」的感覺。

特別是這些年輕世代，在成長的過程中深切地感受到，新自由主義所推行的解除管制與民營化，讓貧富差距與環境破壞越來越嚴重。如果讓資本主義這樣繼續下去，他們的未來沒有任何光明，只能為大人們捅的簍子擦屁股。他們感到絕望，甚至憤怒。

因此，現在Z世代正以「地球公民」的自覺，試圖改變社會。格蕾塔・童貝里就可以說是Z世代的象徵性人物之一。實際上，Z世代不但完全接受童貝里獨特的行事風格，還給予大力的支持。

這樣的感覺，日本提倡反緊縮的人們，直覺上恐怕是無法理解的吧！然而最熱心支持「左派民粹主義」的，就是這樣的Z世代與千禧世代。

因此，桑德斯與柯賓的「反緊縮」主張，並沒有採用持續經濟成長、創造就業機會、財富重新分配的論述方式。相反地，他們提出的訴求是「反資本主義」。他們也知道，如果只是揭示經濟成長的路線，向重視「綠色經濟成長」之商業面向的佛里曼靠攏，將會瞬間失去千禧世代與Z世代的支持[12]。

這種對氣候變遷與資本主義態度上的不同，也影響到日本與歐美，關於「棄成長」的不同言論狀況。在歐美，因為處理氣候變遷問題的契機，出現了克服資本主義體系的要求。其中逐漸抬頭的新世代理論，就是「棄成長」。

## ◆被遺留在後的日本政治

與歐美比起來，日本對氣候變遷的問題相對並不關心。在日本，「棄成長」總是和

「團塊世代」、「失落的三十年」聯想在一起。人們已經有了固定的印象，認為「棄成長」是舊世代的理論。因此，儘管世界上已經出現新的棄成長論，其內容卻完全沒有被介紹到日本來[13]。

如此一來，日本將被世界的潮流淘汰。而最大的弊害，就是現代日本社會的政治可能性，明顯地狹隘化。

這個問題只要俯瞰世界的整體經濟，就可以明白。當經濟持續成長、利益可以分配給眾多人的時候，人們感到滿足，社會也安定。然而現在，經濟成長變得困難，貧富差距不斷擴大，環境問題也越來越嚴重。這就是「人類世」的時代。

正因為如此，目前世界各國紛紛興起重視直接行動的「革命式」環境運動。比方英國的「反抗滅絕」(Extinction Rebellion)、美國的「日出運動」(Sunrise Movement)等等，運動群眾不畏懼逮捕，以佔領道路、橋樑、公共場所等等直接行動表達抗議。參加者從一般市民與學生，到好萊塢演員、奧運金牌得主等等，非常多元。他們的聲音撼動了當今統治階級的正當性，新的政治可能性正逐漸浮現。在這裡面，蘊含著克服資本主義的潛能。

相反地，如果日本的左翼自由主義者不能正視氣候危機日益嚴重的事實，再度將自己的主張侷限於追求經濟成長，那麼反緊縮派將會止於氣候凱因斯主義，成為資本主義的安定化裝置。

在當今這個氣候危機的時代，原本應當要敞開大門，迎接更革新、更大膽的政治可能性。然而日本的左翼自由主義者，卻不願意解放自己的想像力，去描繪另一種可能的社會。他們還像過去那樣，一味地追求經濟成長；而經濟成長，正是造成環境破壞的主因。

如果繼續這樣下去，數十年後將只有日本一個國家，還持續排放大量的二氧化碳。在那個由「左傾世代」領導的未來，日本被世界各國視為三流國家，也是無可避免的吧！

## ◆舊世代「棄成長論」的限制

話說回來，舊的「棄成長論」有什麼不好？——我認為問題出在這裡：雖然乍看之下「舊棄成長論」對資本主義採取批判的態度，但最終來說，它是接受資本主義的。

而如果在資本主義的框架內談論「棄成長」，再怎麼樣都會被聯想到「停滯」、「衰退」。

這樣的限制有它的歷史背景。「舊棄成長論」開始普及，正是蘇聯瓦解的時候。就像第一代棄成長派論者、世界知名的法國經濟學家塞吉・拉度胥（Serge Latouche）所說的，蘇聯瓦解之後，馬克思主義已經淪落為夢想著「回到不可能的過去」的空想主義[14]。在這樣的狀況下，「棄成長」可以說是左翼自由主義者想要重新站起的一個嘗試。

不——說得更徹底一點，以拉度胥為代表的「舊棄成長論」所提出的方案，既不是右傾的，也不是左傾的。因為他們認為，不論是左是右，富人或窮人，「自然」是所有人都應該關心的事。因此舊世代的棄成長派並不以克服資本主義為目標。應該說，他們本來就厭惡這樣的議論框架。

## ◆日本的樂觀棄成長論

舊世代的棄成長派不以克服資本主義為目標，這一點在日本也是一樣。舉例來說，對於「穩定型社會」概念在日本的普及，廣井良典（編按：京都大學人與社會的未來研究院教授）有很大的貢獻。他將「穩定型社會」定義為「持續的福利國家／福利社會」，並且這樣說：

首先讓我們確認一些基本的事情——筆者所想的「穩定型社會」，並不是否定一切「市場經濟」與「私利的追求」的社會。換句話說，穩定型社會不等於社會主義（共產主義）經濟體系，（中略）而是已經超越「資本主義 vs. 社會主義」、「自由 vs. 平等」這種刻板二元對立的社會理念[15]。

還有，社會經濟學家佐伯啟思（編按：京都大學名譽教授）也表示「社會主義這條逃生途徑已經不復存在」，排除了這個選項，並這樣說：

在這個經濟競爭、成長競爭當中，各國的貨幣當局如果為了強制加速成長、而過度供給貨幣的流動，只會使得金融市場更加不安定，最後將導致泡沫化，以及金融市場的崩潰吧！（中略）要讓資本主義能夠長期、安定地持續下去，「棄成長」可以說是唯一的方法[16]。

根據廣井與佐伯的看法，維持資本主義市場經濟，同時停止資本的成長，是可能的。他們認為，走過頭的資本主義會造成問題，但我們不應該在蘇聯瓦解之後，仍固執於「社會主義」。他們主張以社會民主主義的福利國家政策，來馴服新自由主義的市場原理主義。如果再加上永續的理念，那麼我們就有可能轉型到棄成長的穩定型社會。

如果他們的想法是正確的，我們就不需要從根本去改變薪資勞動與資本的關係、私有制、市場的利潤競爭等等。在物質消費日益飽和、成熟的先進國家社會中，只要從制度設計著手，給予適當的刺激就可以。只要能這麼做，人們除了在市場中追求利潤之外，也會開始積極、自發地從事與社交及公共性有關的多樣化活動。

## ◆「新棄成長論」的出發點

但是，這種樂觀的預測真的沒問題嗎？就是這個疑問，促成了「新棄成長論」。確實，蘇聯的模式不用再考慮了。但是，資本主義與「棄成長」的折衷方案，也是不可行的；終究來說，我們還是不得不直接對抗資本主義——這是「新棄成長論」的立場。

為了說明這一點，請容我介紹斯洛維尼亞的馬克思主義哲學家，斯洛沃熱・齊澤克（Slavoj Žižek, 1949-）的主張。他對美國經濟學家約瑟夫・史迪格里茲（Joseph Stiglitz, 1943-）的批判，正好指出了「舊棄成長論」的問題。

史迪格里茲是諾貝爾經濟學獎的得主。他對於當前毫無節制的全球化、財富的過度集中、大企業對市場的支配所提出的嚴厲批判，是極為著名的。然而，齊澤克認為有問題的地方，是史迪格里茲提出的解決方案，也就是「進步資本主義」（Progressive Capitalism）的構想。

史迪格里茲譴責自由市場信仰，並且主張，若是要實現公正的資本主義社會，就必須提高勞工的薪資、強化對富人階層與大企業課稅，並禁止獨佔[17]。他認為，透過民主方式投票來改變法律與政策，將可以恢復經濟成長，讓所有人成為富裕的中產階級，也就是實現他所謂的「進步的」資本主義。

然而，光是改變法律與政策，真的就可以馴服資本主義嗎？齊澤克質疑。如果增加法人稅、擴充社會保障支出等等政策是可能的，應該早就已經實施了，不是嗎？一九七〇年代利潤率下降的時候，資本主義面對極度嚴重的危機；當時為了解救資本主義，各國冒著極大的阻力，拼命地撤銷各種管制、降低稅率，不是嗎？如果是這樣，那麼現在又要把各種對資本主義的管制，恢復到過去的水準、甚至更高，資本主義不是會崩潰瓦解嗎？資本主義是不可能接受這種事的，必定會抵死反抗。

簡單來說，史迪格里茲將他所描繪的、公正的未來願景視為「正確的資本主義」，而認為現有的則是「偽資本主義」。但他忽略了一個可能性——會不會他所憧憬的、從戰後到一九七〇年代為止的「黃金時期」，其實才是「偽資本主義」？是歷史上的例外？而他所指責的、現在的「偽資本主義」，事實上是資本主義真正的樣貌？

在這個意義下，史迪格里茲所追求的「改革」，和資本主義本身的延續是互相衝突的，絕對不可能實現，不是嗎？儘管如此，為了維護、延續資本主義，一本正經地提倡這樣的「改革」……史迪格里茲可以說是真正的「空想主義者」[18]。

## ◆「棄成長資本主義」不可能存在

「空想主義」的批判，也可以直接套用在那些主張在資本主義內部轉型為棄成長社會的人。因為「資本主義」和「棄成長」這兩個概念，是不可能同時成立的。

所謂資本，是不斷追求價值的增長、永無止境的運動。一再反覆地投資，透過商品與服務的生產而產生新的價值、提高利潤，再進一步擴大投資。為了實現目標，資本會利用全世界所有的勞動力與資源，開拓新的市場，不放過任何微小的商機。

然而，資本主義風行全世界的結果，就是人們的生活與自然環境遭到破壞。因此，「棄成長」就是要為這走過頭的資本運動踩剎車，讓它減速。

這時候，舊世代的棄成長派大概要這麼說吧！不要再把資本主義的矛盾轉嫁到外部了。也不要再掠奪資源了。不要再以企業的利益為優先，讓我們重視勞動者與消費者的幸福吧！然後，一起把市場規模縮小到可以永續經營的水準吧！

這的確是簡單又容易上手的「棄成長資本主義」。不過問題是，利潤的追求、市場的擴大、外部的轉嫁、剝削勞工與自然，這些都是資本主義的本質。主張這些事都不要做了，主張減速，事實上就等於要求放棄資本主義。

簡單來說，為了獲得利潤而不斷追求經濟成長，是資本主義本質上的特徵。要放棄經濟成長、同時維繫資本主義，就好像要畫一個圓的三角形一樣。真的是「空想主義」。舊世代「棄成長論」的極限，就在這裡。

## ◆「失落的三十年」是棄成長嗎？

讓我們以日本社會為例，更仔細一點思考，為什麼不可能在資本主義內部實現「棄成長」。

原封不動地維持以成長為目標的資本主義，同時卻停止成長，原本就是指日本「失落的三十年」的狀態。實際上廣井就曾經表示，日本正處於「先驅的位置，引領世界走向成熟社會嶄新的富裕型態」[19]。

然而對資本主義來說，沒有比無法成長更糟的狀態。如果在資本主義體制底下停止成長，企業將拼命設法提高營收利益。在零和賽局（zero sum game）的狀態下，不管是調降勞工薪資也好、裁員也好、或是增加非正式雇用，總之企業必定會採取一切可能的措施，來削減經費。國內的階級分裂會不斷擴大，對全球南方的掠奪也會變本加厲。

實際上在當前的日本社會，勞動分配率不斷下降，貧富差距逐漸擴大，「黑心企業」之類的勞動問題，也越來越嚴重。

而且，隨著「大餅」縮小、穩定的工作機會減少，人們為了謀求自保，生存競爭日益激烈。從「上級國民・下級國民」這種流行用語的出現也可一窺一二，社會的分裂正在傷害人們的情感。

## ◆重新檢視「棄成長」的意義

我們可以從日本社會的慘狀，了解到一件重要的事。日本的「長期停滯」和新冠疫情造成的「景氣衰退」，不可和「穩定狀態」或「棄成長」混為一談。

經常有人這樣誤解，但棄成長的主要目的，並不是減少GDP。如果不了解這一點，對於這個問題的討論將只圍繞在GDP的數值，而看不到其他的因素。

資本主義宣稱經濟成長會為所有的人帶來繁榮，我們的社會也一直以GDP的增加作為目標。然而所有人的普遍繁榮，到現在仍未實現。

因此，作為相反解決方案的「棄成長」，其成果不必然會反映在GDP的數值上。「棄成長」把重心放在「人人」的繁榮與生活的品質，從「量」（成長）轉換為「質」（發展）。「棄成長」是一個大計畫，目標是在注意地球極限的同時，轉換到一個能夠縮小貧富差距、擴充社會保障、增加人民閒暇的新經濟模式。

所以，如果像今日的日本這樣，繼續建設燃煤火力發電廠，那不是「棄成長」。就算經濟停止成長，如果貧富繼續擴大，那也不是「棄成長」。即使生產規模縮小，失業人口的增加絕不是「閒暇的增加」。應當削減的是SUV汽車、牛肉與快時尚，而不是教育、社會保障或藝術。

換句話說，日本社會的現狀和廣井的判斷完全不同。並不是處於「棄成長」的「先驅地位」，單純只是經濟長期停滯而已。

## ◆自由、平等、公正的「棄成長論」

「棄成長」以平等與永續性為目標。相反地，資本主義的「長期停滯」帶來不平等與貧困，同時激化個人之間的競爭。

暴露在永無止境的競爭下的現代日本社會，誰都沒有餘裕對弱者伸出援手。如果你變成露宿街頭的遊民，颱風來的時候，甚至會被禁止進入避難所。如果手上沒有貨幣，連人權都會被剝奪、生命受到威脅；在這樣的競爭社會裡，想要相互扶助是非常困難的。

因此，若是真心想要追求相互扶助與平等，我們就必須更深入探討貨幣、階級、市場等等問題。一方面要維持資本主義的本質特徵，一方面期待重視再分配與永續性的法律或政策，能將社會轉向「棄成長」、「穩定型經濟」，那是不可能的。

但是，一旦遇到這個問題，連拉沃斯都裹足不前。拉沃斯說，實現「甜甜圈經濟」的關鍵在於「人口、分配、物欲、技術、治理」[20]。另一方面，對於生產、市場與階級等本質性的問題，卻視而不見。

如果不談私有制與階級等問題，有可能為資本主義踩剎車，將它修正為可以永續的東西嗎？如果是這樣的態度，屈服於資本的力量，資本主義的不平等與不自由，將一直被保存下去。

以結果來說，「棄成長資本主義」雖然聽起來很吸引人，終究只是不可能實現的空想主義。因此，它不符合任何「未來的四個選項」（請參照圖表六）。本書指向的目標「X」，絕不是棄成長資本主義。

如果贊成「棄成長」，就不能滿足於資本主義的妥協案，而必須同時面對理論與實踐雙方面、更困難的課題。站在歷史分歧點的我們，必須以毅然決然的態度，挑戰資本主義本身。

從根本上改變勞動的方式，克服「剝削與支配」的階級對立，建立自由、平等、公正且永續的社會。這正是新世代的棄成長論。

## ◆在「人類世」復甦的馬克思

話說回來，成熟的資本主義真的可以平心靜氣地接受低成長、甚至零成長，「自然地」轉移到穩定型經濟嗎？這一點只要曾經回顧歷史，恐怕就無法相信吧！相反地在低成長的時代，等著我們的恐怕是日益激烈的生態學帝國主義與氣候法西斯主義——只為了堅持帝國的生活模式。

將氣候危機造成的混亂當作商機的、趁火打劫型資本主義，也會四處活躍。然而如果放任這樣的事態繼續發展，地球環境會越來越惡化，終於到人類無法控制的地步，社會將退化到野蠻的狀態。這就是低成長時代的「硬著陸」[21]。當然，這是我們最想避免的狀態。

為了避免「人類世」時代的「硬著陸」，我們需要同時從理論與實踐兩方面，明確地批判資本主義，明白地要求、自發地轉型為「棄成長社會」。我們已經沒有時間可以浪費在半吊子的、拖延時間的解決方案。因此，新世代的「棄成長論」必須從更本質的、更根本的資本主義批判中，攝取思想的養分。而那就是「共產主義」。

終於，我們逐漸看到統合馬克思與「棄成長」的必然性。

看到我們不只端出馬克思，還想要將他的思想與「棄成長」統合在一起，或許會有讀者覺得很牽強。馬克思主義不是只管階級鬥爭，不管環境問題的嗎？——這樣想的人不在少數。事實上，蘇聯也執著於經濟成長，也造成環境破壞；馬克思主義與「棄成長」，難道不是水與油的關係嗎？

然而，下一章我們將清楚指出，這樣的印象是錯誤的。

那麼，就讓我們喚醒沈睡已久的馬克思吧！如果是他，一定會回應來自「人類世」的召喚的。

第四章

# 「人類世」的馬克思

## ◆馬克思的復權

面對「人類世」的環境危機，我們必須批判資本主義，並且構想後資本主義的未來。話雖如此，現在都什麼時代了，怎麼還在談馬克思？

說到馬克思主義，一般人立刻想到的是蘇聯與中國共產黨的一黨獨裁，以及生產手段的國有化。因此，應該有很多讀者覺得馬克思主義跟不上時代，甚至是危險的吧！

事實上，蘇聯瓦解之後，日本的馬克思主義處於停滯的狀態。在今日，即使是左派，公開表示擁護馬克思、運用其智慧的人，也是非常稀少。

然而放眼世界，近年來馬克思的思想再度引起極大的關注。隨著資本主義的矛盾日益深化，「除了資本主義別無選擇」這個「常識」，開始有了裂痕。正如前述，輿論調查的數據顯示，越來越多美國的年輕人認為，「社會主義」是比資本主義更好的體制。

接下來我們要來看看，如果是馬克思，他會怎麼分析「人類世」的環境危機？並期望從中找到線索，引領我們走到不同於氣候凱因斯主義的解決方案。

當然，我們不會再重複過去那些對馬克思過時、陳腐的解釋。我們將運用新的資料，描繪「人類世」的新馬克思形象。

## ◆第三條路──「common」（〈コモン〉）

近年來馬克思再解釋的重要關鍵之一，就是「common」這個概念。所謂「common」是指社會上的所有人共同擁有、共同管理的財富。那是安東尼奧・內格里（Antonio Negri, 1933-）與麥克・哈德（Michael Hardt, 1960-）這兩位馬克思主義者，在二十世紀最後一年出版的共同著作《帝國》（*Empire*）一書中所提出來的，一躍成為有名的概念[1]。

「common」可以說是在「美國型新自由主義」與「蘇聯型國有化」的對立之外，開拓第三條路的關鍵。也就是說，它的目標既不是像市場原理主義那樣、將所有東西商品化，也不是像蘇聯型社會主義那樣、將所有東西國有化。作為第三條路的「common」，目標是將水、電力、住房、醫療、教育等等領域定為「公共財」，由人民以民主的方式，自己管理。

宇澤弘文有一個類似的概念──「社會共通資本」──或許大家比較熟悉。為了讓人們在「豐裕的社會」中過著富足繁榮的生活，需要一定的條件；而這些條件，就是水與土壤等自然環境、電力與交通等社會基礎建設、以及教育與醫療等社會制度。宇澤認為，這些事物是社會共通的財產，不應該全權交給國家規則或市場機制，而應該以社會性的方式管理、營運[2]。「common」基本的理念也是一樣的。

只不過，和「社會共通資本」比較起來，「common」重視的是，由市民以民主、水平的方式參與共同管理，而不是全部委任給專家。還有一點，希望透過逐漸擴張「common」所涵蓋的領域，以達到克服資本主義的目標，這是內格里和宇澤弘文的概念，決定性的不同。

## ◆將地球視為「common」（公共財）來管理

事實上，馬克思所說的「共產主義」（communism），並不是像蘇聯那種一黨獨裁與國營化的體制。對馬克思來說，所謂的「共產主義」，指的是將生產手段（means of production）視為「common」，而由生產者本身共同管理、營運的社會。

不僅如此。在馬克思所構想的共產主義社會裡，不只生產手段，整個地球都被視為「common」，由人民共同管理。

事實上，馬克思在《資本論》第一卷的最後，寫下了著名的一段文字。他描繪透過「剝奪『剝奪者』」而實現共產主義的願景，並稱之為「否定的否定」。

「否定的否定」並不是要重建生產者的私有財產，而是以資本主義時代的成果為基礎，創造個人的財產。也就是說，將「分工」、「地球」與「勞動」三者生產出來的生產手段視為「common」，並以占有此「common」為基礎而創造個人之財產[3]。

「否定的否定」是什麼意思？讓我們簡單說明。第一階段的「否定」表示，生產者們被從作為「common」的生產工具分離開來，而不得不為資本家工作。然而在第二階段的「否定」（亦即「否定的否定」）中，勞動者將資本家的獨占解體，重新取回地球與生產手段——作為「common」！

當然，這樣的說法，還只是抽象的骨架而已。然而，馬克思的主張非常明快。共產主義要打倒無限追求價值增長、導致地球毀滅的資本，然後將地球整體視為「common」，由所有人共同管理。

## ◆共產主義將重建「common」（公共財）

重視馬克思「common」的構思的，不只內格里與哈德，許多人都有同樣的態度。比如齊澤克也曾談論「common」，並呼籲共產主義的必要性。

齊澤克認為，「文化」、「外在自然」、「內在自然」與「人類本身」原本應該是全體人類的「共有財」（commons），但全球化資本主義以十六、十八世紀「圈地運動」（enclosure）的方式，將這些共有財化為私有，與所有人為敵。所以在當前這個時代，「共產主義概念復活的正當性，（中略）必須向『commons』中尋找」——齊澤克這麼說[4]。

正如齊澤克所言，所謂「共產主義」是一種有意識的嘗試與努力，試圖重建遭到資本主義解體的各種「common」，如知識、自然環境、人權、社會等等。

有一件鮮為人知的事。馬克思稱呼重新建立「common」的社會，為「association」。馬克思在描繪未來社會的願景時，幾乎都不說「共產主義」或「社會主義」，而是用「association」這個字。他想說的是，勞動者之間自發性的相互扶助（association），將帶來「common」的實現。

## ◆產生社會保險的「association」（公會）

在這個意義下，「common」並不是進入二十一世紀後才產生的新需求。目前由國家負責經營的社會保險服務，原本也應該是人們經由association（公會、共同協作）而形成的「common」（公共財）。

換句話說，社會保險對所有人來說，都是生活不可或缺的一部分。有許多人以各種方式，嘗試由自己管理這樣的服務，而不是交給市場運作。社會保險服務的根源，應該在這裡。二十世紀的福利國家，只不過是將這樣的互助行為，在國家權力底下予以制度化而已。

關於這一點，倫敦政治經濟學院的文化人類學家大衛・格雷伯（David Graeber, 1961-2020）這麼說：

> 在歐洲，幾乎所有那些後來形成福利國家的主要制度——從社會保險、國民年金，到公共圖書館、公共醫療等等——其起源都完全不是政府。如果我們追溯歷史，就會發現它們來自工會、地方自治會、職業公會、勞工階級政黨、以及其他

各種民間組織。大部分這些組織，都是「在古老的外皮底下，從事新社會的建設」。換句話說，他們參與了革命性的企劃，有意識地由下往上，慢慢形成社會主義的各種制度[5]。

格雷伯認為，由association（公會）形成的「common」（公共財）在資本主義體制下制度化的方法之一，就是福利國家。但是一九八〇年之後，因為新自由主義的緊縮政策，工會與公共醫療等等association要不是直接被解體，就是體質虛弱到無法有任何作為；原本屬於「common」的諸多領域，則完全被市場吞噬。

如果只反抗新自由主義、回歸福利國家，那是不夠的。因為福利國家的成立，以高度的經濟成長與南北經濟落差為前提；福利國家的理念，在氣候危機的時代是無法發揮效用的，很容易就會陷入「本國中心」傾向的氣候凱因斯主義，距離氣候法西斯主義只有一線之隔。

不僅如此，光是靠民族國家的框架，是無法處理現代全球化的環境危機的。同時，福利國家的特徵是由上往下、由國家垂直管理，這一點和「common」的水平性也無法相容。

「common」不只要讓人們的生活更加富足豐裕，還要讓地球能永續生存。因此，我們必須摸索新的道路，將地球從資本的商品化中救出，讓它再次成為人們的「公共財」。

為了做到這一點，我們需要遠大的願景。正因為如此，在「人類世」這個環境危機的時代，我們需要前所未有的、對馬克思的詮釋。

## ◆「MEGA」——新馬克思全集計畫

但或許會有人懷疑，已經到二十一世紀了，還有可能出現對馬克思的新詮釋嗎？會不會只是把老舊的東西，一再換上新包裝而已？事實上，這樣的書也很多。

然而實際上，被稱為「MEGA」的新《馬克思・恩格斯全集》（*Marx-Engels-Gesamtausgabe*）出版計畫，近年來正在進行當中。那是國際性的全集出版計畫，由世界各國的研究者共同參與，身為日本人的我也包括在內。這次計畫的規模與過去有天壤之別，預計最後將出版超過一百冊的書。

另一方面，目前可以取得的日文版《馬克思・恩格斯全集》（大月書店出版），嚴格說起來並不是真正的「全集」。還有大量的《資本論》的草稿、馬克思寫的新聞報導、信件，並沒有收錄在這個版本裡。正確的說法，大月書店版是「著作集」。

相反地，MEGA的目標是蒐集任何馬克思與恩格斯寫過的東西，包括首次公開的新資料在內，全部出版。

其中最值得矚目的新資料是馬克思的「研究筆記」。馬克思有一個習慣，針對某個主題做研究的時候，會將相關書籍的重點，詳盡地、仔細地抄錄在筆記簿上。因為拮据的流亡生活，他沒有錢買書，因此他每天到倫敦的大英博物館借書，並且在閱覽室抄寫。

他一生所寫的筆記數量龐大，其中也有一些未出現在《資本論》中的想法與矛盾。以這個意義來說，這些筆記是貴重的一手資料。

然而一直到目前為止，這些筆記單純被當作「抄書」來看待，並未受到研究者們重視，也不曾出版。如今在全世界研究者（包括我在內）的努力下，這些筆記將作為MEGA的第四部分、分成三十二冊出版，首度公諸於世」。

因為MEGA，我們將可能得到與一般印象不同的、全新的《資本論》詮釋。馬克思的字跡潦草，判讀他的手稿是一件辛苦的工作；但是在研究者努力研讀下，這些手寫的筆記，將為我們帶來理解《資本論》的新視點；而新的理解，也將成為我們迎戰現代氣候危機的新武器。

## ◆生產力至上主義者——年輕時的馬克思

不過，我們先不要急著看新的發展，先確認從過去以來，廣為接受的馬克思形象。大部分人對馬克思的理解，恐怕是像底下所說的這樣吧！

隨著資本主義的發展，許多勞動者受到資本家嚴重的剝削，貧富差距不斷擴大。資本家之間互相競爭，努力提高生產力，以生產越來越多的商品。然而，受到剝削的勞動者薪資過低，無法購買自己生產的商品。因此最終來說，過剩的生產將帶來經濟恐慌。因為經濟恐慌而失業、陷入窮困的大量勞動者將團結起來抵抗，終於興起社會主義革命。勞動者得到解放。

上面那段文字，或許可以說是用極粗糙的方式整理出來的，馬克思與恩格斯一同撰寫的《共產黨宣言》（一八四八年）之內容摘要。

當時還年輕的馬克思抱著樂觀的想法，認為以經濟恐慌為契機，資本主義遲早會被社會主義革命推翻。資本主義的發展帶來生產力的上升，以及生產過剩的恐慌，而這兩者都將為革命準備、鋪路。因此他曾經表示，為了建立社會主義，我們必須讓生產力在資本主義體制下不斷發展。這就是所謂的「生產力至上主義」。

然而，一八四八年的革命以失敗告終，而且資本主義又重新獲得生命力。一八五七年經濟恐慌的時期，也是一樣。看到資本主義一再克服恐慌的強韌力量，馬克思不得不修正自己的認知。

要到主要著作《資本論》出版之後，馬克思才開始發展他的新認識，而那距離他發表《共產黨宣言》，已經是二十年後的事了。因此不論《共產黨宣言》如何淺顯易懂，我們絕對不可能靠著它，就理解馬克思的理論。

## ◆未完成的《資本論》與晚期馬克思的大轉變

當然，從過去到現在，一直有許多研究者認真踏實地研究《資本論》。但麻煩的是，即使在《資本論》裡，馬克思本身的最終認識，也還未得到充分發展。

之所以這麼說，是因為馬克思雖然親筆撰寫了《資本論》第一卷，並且於一八六七年出版，但第二卷、第三卷的原稿，始終未能完成。現在我們所看到的《資本論》第二卷、第三卷，都是其盟友恩格斯在馬克思死後，編輯他的遺稿出版的。他們兩人意見、看法的不同，難免對編輯過程中的取捨造成影響，因此在這第二、三卷之中，晚年馬克思的想法有許多地方受到扭曲、遮蔽。

從第一卷刊行之後的一八六八年開始，在為了完成續篇的苦鬥中，馬克思對資本主義的批判越來越深入、深刻。不僅如此，事實上他完成了理論上的大轉變。

而現代的我們，為了在「人類世」的環境危機中生存下來，正有許多東西需要向馬克思晚年的思想學習。

但是這個理論上的大轉變，從現行的《資本論》裡是讀不出來的。恩格斯在編輯的過程中太過於強調《資本論》的體系性，反而隱蔽了《資本論》未完成的部分。換句話說，馬克思在哪些地方遭遇理論上的苦鬥？變得無從得知。

結果，晚期馬克思真正的思想樣貌，除了研究馬克思筆記的極少數專家之外，仍然沒有人知道。因此在一般的研究者於馬克思主義者之間，對馬克思仍然有很大的誤解。

這麼說絕非誇張——正是這樣的誤解，扭曲了馬克思的思想，產生了史達林主義這樣的怪物，也使得人類不得不面對如此嚴重的環境危機。而今日，我們更應該化解這個誤解。

## ◆進步史觀的特徵——生產力至上主義與歐洲中心主義

這個誤解是什麼？簡單來說就是認為，馬克思樂觀地主張「資本主義造成的現代化，最終將帶來全人類的解放」。這是先前我們看到的《共產黨宣言》中，典型的思想。發表《共產黨宣言》時期的馬克思，是這樣想的：確實，資本主義會暫時造成勞動者的貧困與自然環境的破壞。但另一方面，資本主義因為競爭而刺激各種發明、創新，提高了生產力；而生產力的提高，將會替未來社會富足、自由的生活，準備好必要的條件。

讓我們稱這樣的想法為「進步史觀」吧！在世間一般的理解裡，馬克思是典型的「進步史觀」思想家。

而馬克思的「進步史觀」有兩個特徵，就是「生產力至上主義」與「歐洲中心主義」。所謂「生產力至上主義」，就是認為在資本主義底下生產力將日益提高，貧困與環境問題都將得到解決，最終帶來人類的解放。這是讚美現代化的想法。

這是一種單線式的歷史觀。換句話說，「高生產力的西歐，位於歷史的較高階段。因此，其他所有地區都必須像西歐一樣，在資本主義底下進行現代化」。這就是「歐洲中心主義」。

「生產力至上主義」與「歐洲中心主義」就在這單線式的「進步史觀」中，緊緊結合。然而長期以來，這「進步史觀」——所謂的「歷史唯物論」——受到許多人的批判。這樣的歷史觀究竟有什麼問題？讓我們先來仔細檢討「生產力至上主義」。

## ◆生產力至上主義的問題點

首先，一個人如果站在「生產力至上主義」的立場，將完全無視於生產對環境造成的破壞性作用。生產力至上主義的目標，是透過對自然的完全支配，帶來人類的解放。因此，生產力至上主義對於「生產力的提升正是環境危機的原因」這件無可否認的事實，給予過小的評價。

馬克思主義之所以從二十世紀後半開始，一再遭受環境運動者的批判，原因正是這生產力至上主義。

確實，馬克思自己也是造成這些批判的原因之一。舉例來說，《共產黨宣言》裡的這一段文字非常有名：

> 布爾喬亞在他們還不足一百年的階級統治中，創造出遠比過去所有世代加起來更大規模的、巨大的生產力。對各種自然力量的征服、機械的發明、工業與農業的化學應用、蒸汽船、鐵路、電信、好幾個大陸的開墾、巨大運河的建設、彷彿從地底湧出的大量居民——社會性勞動的胎內，沈睡著如此的生產力，過去有哪個世紀預想得到[6]？

如果只擷取這段發言，馬克思會遭到批判也是理所當然的。許多人從這段話裡得到一個印象，那就是馬克思毫無保留地讚美資本主義底下生產力的發展；並且主張，生產力的進一步發展將創造出富裕的社會，為勞動階級的解放做準備。

如果說，生產力的發展讓人類得以支配自然，以準備未來社會的條件，那麼自然的限制就只成為有待人類征服的對象而已。

只不過在這樣的認知裡，馬克思的思想裡沒有任何自然環境的要素。因此有許多人說，綠色和紅色是不相容的。這也是近年來馬克思主義衰退的原因之一。

## ◆物質代謝論的誕生——《資本論》中自然環境理論的轉變

但事實絕非如此。本書的讀者相信都已經知道，馬克思對資本與環境的關係，做了深刻、犀利的分析（請參照第一章）。《資本論》中也提出，將地球視為「公共財」來管理的目標。

那麼，馬克思是從什麼時候開始轉變，放棄生產力至上主義的想法的？對馬克思的理論轉變造成巨大影響的，是我們在第一章提到過的李比希。李比希在他的《農藝化學》一書第七版（一八六二年）中，對「掠奪性農業」展開嚴厲的批判，對馬克思造成巨大的衝擊。那是一八六五到六六年間的事。不久之後，馬克思就在《資本論》第一卷（一八六七年）中，討論這個問題。距離《共產黨宣言》，已過了將近二十年的歲月。

重要的關鍵，就是馬克思從李比希得到啟發後，在《資本論》中發展而出的「物質代謝論」。

人類生活在這顆行星上，不斷地對自然施加作用，生產、消費、並丟棄各式各樣的物品。這種與自然之間不斷循環的相互作用，馬克思稱之為「人類與自然的物質代謝」。

當然，在沒有人類的地方，自然界也存在各式各樣的循環過程，比方光合作用、食物鏈、土壤養分的循環等等。

舉例來說，鮭魚從大海逆流游到河的上游，在自己的出生地產卵。產卵後鮭魚的屍體腐化分解，那些構成牠身體的、來自海洋的營養成分，成為河流上游與陸地的養分。或者也有一些鮭魚，在產卵前就被熊、狐狸或老鷹吃到肚子裡。被其他動物吃掉的鮭魚，經由牠們的排泄，成為森林中樹木的養分。樹木的落葉回到大地，一部分流到河川裡，成為水生昆蟲或蝦子等等，小型生物的食物。要不然，就是在河中堆砌成為小魚得以藏身之處。以鮭魚為媒介，物質持續地代謝、循環。

自然的這種循環過程，馬克思稱之為「自然的物質代謝」。而人類作為自然的一份子，同樣也與外界進行物質代謝。呼吸、飲食、排泄，都屬於這物質代謝的作用。除了投身這無盡的循環過程——對自然施加作用，攝取並排放各種物質——之中，人類不可能生活在這個地球上。這是人作為生物的、必然的生存條件，不管在歷史上的任何階段都是不變的。

## ◆由資本主義引起的物質代謝的紊亂

不過，事情沒有這麼單純。根據馬克思的看法，有一個特殊的因素使得人類與自然的關係，型態和其他動物都不同，那就是「勞動」。「勞動」控制、並媒介「人類與自然的物質代謝」，是人類獨有的活動[7]。

重點是，人類的勞動方式，隨著時代不同而有各式各樣的差異。而勞動方式的不同，對「人類與自然的物質代謝」產生了重大的影響。

特別是在資本主義體制底下，「人類與自然的物質代謝」被整編成極度特殊的型態。那是因為資本以本身價值的增長為最優先，並且不斷將「人類與自然的物質代謝」，改造成最適合價值增長目的之型態。

為了達到價值增長之目的，不論是人類或自然，資本都會徹底利用。不但毫不留情地讓人們長時間工作，更從全世界每個角落掠奪自然的力量與資源，一直到榨乾為止。當然，不管任何新技術、新發明，只要能提高利用人類與自然的效率，資本都願意開放、引進。而效率提高的結果，人們的生活變得前所未有地豐裕。

然而，一旦生活的豐裕超過一定的水準，反而負面的影響會越來越大。資本的目標，始終是在最短的時間內，獲取最大的價值。因為這一點，資本嚴重地擾亂了人類與自然的物質代謝。

長時間、過度過重的勞動，造成勞工身體與精神上的疾病，是這個混亂外顯的現象。自然資源的枯竭與生態系統的破壞也是。

「自然的物質代謝」原本是獨立在資本之外的生態過程，卻因為資本的需求，而被迫逐漸變形。然而我們終將明白，資本為了價值增長的、無止境的運動，與自然的循環是互不相容的。

這樣的情況，造成了今天的「人類世」。現代氣候危機根本的原因，也在這裡。

## ◆無可修復的斷裂

因此馬克思在《資本論》中提出警告，資本主義將對物質代謝的循環過程造成「無可修復的斷裂」。他引用李比希的見解，分析了支撐資本主義式農業經營的大土地所有制。

「大土地所有」所產生的各種狀況條件，在社會性的物質代謝，與受到自然法則限制的、土地的自然物質代謝之間，造成無可修復的斷裂。其結果，不但地力遭到浪費，而且這浪費將透過商業傳導，跨越本國國界向四處擴散，無遠弗屆（李比希）[8]。

《資本論》提出警告，資本主義對物質代謝造成的「擾亂」與「斷裂」，將會徹底破壞永續生產的條件。資本主義使得我們很難以永續的方式管理人類與自然的物質代謝，限制了社會更進一步的發展。

在《資本論》的論述裡，看不到任何無條件讚揚近代生產力發展的主張。相反地，馬克思斬釘截鐵地批判，為了實現資本無限的利潤追求，所進行的生產力與技術的發展，只不過是「掠奪技術的進步。[9]」而已。

## ◆自《資本論》以降、生態研究的深化

馬克思擔憂資本造成物質代謝的斷裂——近年來，如果是認知清晰的《資本論》入門書，也都會提到這件事。

然而晚年馬克思的生態思想，並沒有停留在李比希「掠奪性農業」批判的觀點。從出版《資本論》第一卷到一八八三年過世、大約十五年之間，馬克思幾乎沒有公開發表任何著作，卻持續熱心地研究自然科學。

而如前所述，拜MEGA這個計畫之賜，我們得以編纂一套全新的馬克思全集，將他的草稿與筆記都納入其中。馬克思晚年以生態學角度對資本主義的批判，過去一直遭到埋沒，如今終於能將它帶到燈光底下，讓世人一窺面貌。

馬克思晚年自然科學研究所涵蓋的範圍之廣，令人嘖嘖驚奇。他在地質學、植物學、化學、礦物學等等領域，都留下龐大的研究筆記。關於這些筆記的內容，請讀者們參考拙著《大洪水之前》的詳細說明[10]。只要閱讀這些筆記就可以了解，馬克思的真知灼見，甚至還超越了李比希的「掠奪性農業」批判。同時，他也開始用資本主義的矛盾之觀點，探討森林的過度採伐、化石燃料的濫用、物種的滅絕等等生態學上的主題。

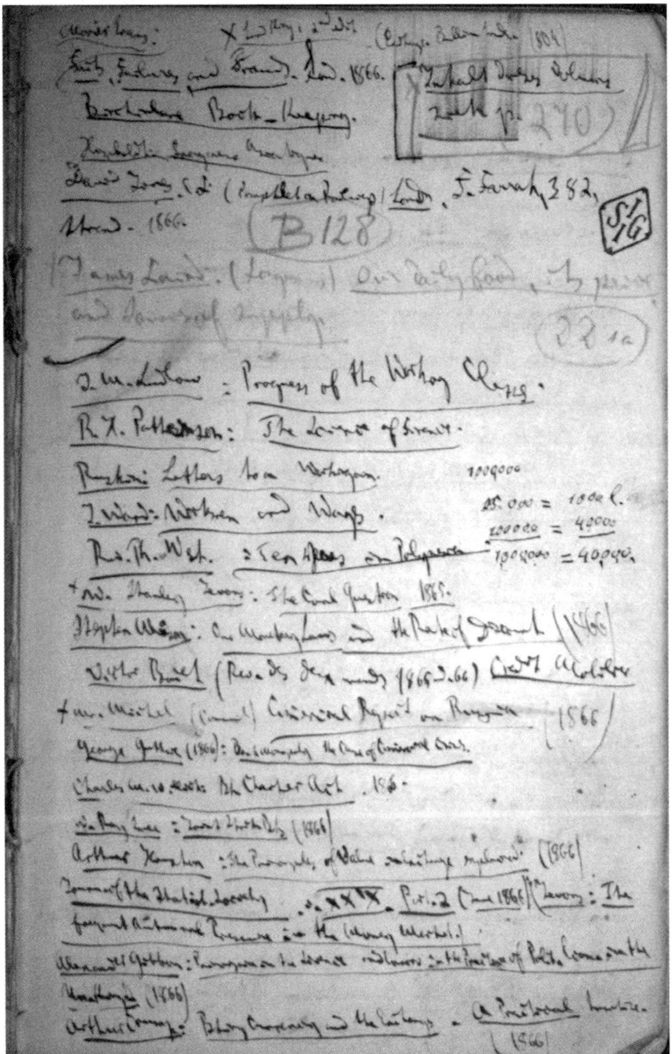


馬克思在一八六〇年代寫下的研究筆記（照片所顯示為編號B128之檔案）。密密麻麻地抄錄了各種文獻的精要部分。

## ◆徹底告別生產力至上主義

在《資本論》第一卷出版後進行生態學研究時，馬克思集中閱讀了德國農學家卡爾．弗拉斯（Karl Nikolas Fraas, 1810-1875）的著作。

弗拉斯在《時間中的氣候與植物世界》（*Klima und Pflanzenwelt in der Zeit*）一書中，描述了美索不達米亞、埃及、希臘等古代文明衰滅的過程。根據這本書的說法，這些文明的衰滅有一個共通的原因，那就是過度砍伐森林，造成該地區的氣候變化，使得當地傳統農業變得困難而無以為繼。確實，雖然那一帶現在是極度乾燥的地區，但在古時候並非如此。因為對自然的胡亂開發，而失去了肥沃的大地。

弗拉斯警告我們，過度砍伐森林會引起氣溫上升、大氣乾燥，對農耕造成巨大的影響，最後將導致文明的崩潰。弗拉斯之所以這麼說，是因為採伐與輸送的技術在資本主義底下不斷進步、發展，人類的手將要伸入前人未至的森林深處，而他看到這件事的危險性，感到不安。

馬克思對弗拉斯的書讚不絕口，在他的警告中看到「社會主義的傾向」[11]。弗拉斯批判資本主義對自然的掠奪，並且尋找可以永續的、對待森林的方式。馬克思認為他這樣的主張，具有「社會主義的傾向」。他說那些話是《資本論》出版後的第二年，一八六八年的事。

還有，我們在本書第二章中曾經提到「傑文斯的悖論」。馬克思也知道這位威廉・傑文斯。當時英國的煤礦埋藏量減少、造成問題，傑文斯引用李比希的「掠奪性農業」批判，對這個現象發出警訊。

此外在地質系研究的方面，馬克思也關心人類的活動造成多種生物滅絕的問題。透過這樣的研究，馬克思在各式各樣的領域中，確認了物質代謝的循環過程所發生的斷裂，並且認為這斷裂的存在，來自資本主義的本質性矛盾，試著加以探討。

從他晚年的筆記可以看出，馬克思的研究態度與「生產力的提高能讓我們支配自然、克服資本主義」這種單純、樂觀的見解，大異其趣。那時候他已經明確地與生產力至上主義訣別，這自不待言。話雖如此，他也不是單純從環境危機的觀點，發展「文明滅亡論」而已。

在《資本論》之後，馬克思注意的是資本主義與自然環境的關係。資本主義藉由技術革新，以各種方式將物質代謝過程的斷裂轉嫁到外部，藉以拖延時間。而正是透過這樣的轉嫁，資本將「無可修復的斷裂」深入到全世界，最終連資本主義本身都將無法繼續生存。

馬克思在《資本論》第一卷出版後，試圖以具體的方式探討的問題，就是我們在第一章所看到的、那種層層推延的轉嫁。

## ◆轉向以永續經濟發展為目標的「環保社會主義」

出版《資本論》前後那段時期的馬克思，不再片面地讚美生產力的提升。他開始大量閱讀各種領域的文獻，並且摸索在社會主義下，永續經濟發展的可能性。

從這時候開始，馬克思確信一件事。在資本主義底下，永續的成長是不可能的，只會不斷加強對自然的掠奪而已。換句話說，在資本主義體制下，不論如何追求生產力的提升，也不會開啟走向社會主義的道路。這是他思想的一個轉變。

因此，馬克思開始認為，我們應該做的，不是在資本主義體制下追求生產力的提升，而應該提早轉向其他的經濟體系，也就是社會主義。我們應該在社會主義體系下，追求永續的經濟成長。這是出版《資本論》第一卷前後那段時期，馬克思對「環保社會主義」的願景。

但是讓我們預告一件事：最晚年的馬克思，連這個「環保社會主義」都捨棄了。

## ◆進步史觀的動搖

轉向追求永續經濟成長的「環保社會主義」的立場，當然是一種見解上的重大改變，但是它的意義不僅如此。與生產力至上主義的訣別，同時也動搖了馬克思更廣大的世界觀，也就是他原先抱持的「進步史觀」。這一點對於之後的議論來說，意義重大。

如前所述，馬克思主義的進步史觀認為，生產力的發展是人類歷史前進的原動力。因此，為了提高生產力，不論哪一個國家，首先都必須以西歐各國的資本主義為範本，進行產業化。

在「將生產力的擴大視為歷史的原動力」的意義下，這種進步史觀以生產力至上主義為前提。而且，這種生產力至上主義，也為歐洲中心主義正當化。

但既然捨棄了生產力至上主義，那麼一個國家的生產力比較高，就不再表示它處於較高的歷史階段。如果發展的只是破壞性的技術，是沒有意義的。馬克思一旦捨棄生產力至上主義，就等於被迫重新思考歐洲中心主義；因為它們是一個銅板的兩面。

如果同時放棄生產力至上主義與歐洲中心主義，那晚年的馬克思就不得不揮別進步史觀。他只好從頭重新檢視歷史唯物論。

接下來，我將為讀者們呈示馬克思的進步史觀從動搖到瓦解的過程。首先讓我們看看，他是如何處理歐洲中心主義的。

## ◆《資本論》裡的歐洲中心主義

不過，馬克思是不是真的捨棄了歐洲中心主義？如果只看目前已出版的文獻，這一點是不容易看出來的。

確實，即使是執筆《資本論》之前的一八五〇年代後半，馬克思也已經表現出反殖民主義的立場[12]。不管是印度的反殖民主義運動、波蘭的抗暴運動、美國的南北戰爭，他總是站在被壓迫者的那一方。然而，這並不表示他已經脫離了歐洲中心主義。

《資本論》又是如何？在已經納入環境保護觀點的《資本論》第一卷第一版裡，馬克思仍然寫下這樣一段話：

對於發展遲緩的國家來說，產業較為發達的國家，為它們展示了自己將來的樣貌[13]。

這種單線式的進步史觀，再怎麼看都是歐洲中心主義。看起來明明就是歐洲人擅自把自己的歷史，投射在世界其他部分上。最糟的狀況下，只要以「帶給『野蠻人』文明與現代化」這個理由，殖民主義甚至可以在馬克思的思想體系裡得到正當性。

因此，才會一直有人批判馬克思的思想是危險的歐洲中心主義。

## ◆薩伊德的批判——年輕馬克思的「東方主義」

其中最有名的批判，或許來自後殖民研究的第一把交椅，愛德華·薩伊德（Edward

Said, 1935-2003）吧！薩伊德認為馬克思是「東方主義者」（認為歐洲以外地區的人都是野蠻、低等的存在之歐洲人），如此批判他：

> 馬克思在反覆敘述的過程中，越來越確信自己的想法，最後再次回到這樣的見解：「英國破壞了亞洲。但就是這件事情，讓亞洲可以發生真正的社會革命」。（中略）就算人們悲慘的際遇，曾經激起馬克思的人性——他的同情心——但最後得到勝利的，仍然是浪漫的東方主義觀點。

薩伊德下了這樣的結論——因此「馬克思的經濟分析，與標準東方主義的企圖，完全吻合」[14]。

薩伊德在這裡所批判的，是當時只有三十幾歲的馬克思，於一八五三年為紐約每日論壇報（*New York Daily Tribune*）所撰寫的，一連串惡名昭彰的〈印度評論〉。馬克思在〈英國對印度的統治〉這一篇報導中，這樣寫道：

> 英國在興都斯坦（＝印度）引起社會革命的動機，是極其猥瑣的利益；而為了

達成其利益的手段，也是愚蠢至極。但這不是問題所在。問題在於，如果亞洲的社會狀態不發生最根本的革命，人類有辦法達成自己的使命嗎？如果不行，那麼不管英國犯下的是什麼樣的罪行，都會因為它帶來了這樣的革命，而在無意識中扮演了歷史的工具的角色[15]。

英國對印度的殖民地統治是何等殘暴，馬克思當然知道。然而從這篇文章看起來，馬克思最終是以「人類史的進步」之觀點，為殖民地統治正當化。

以印度為中心的亞洲社會，因為本身是靜態的、被動的，「完全沒有歷史[16]」。馬克思說，因此它需要像英國這樣的資本主義國家從外部介入，以推動其歷史前進。我們的確可以在馬克思的這個說法裡看到，薩伊德所指出的、東方主義者的思考方式。

歷史發展過程中人們所受的苦，從人類史的觀點來看，是必要的惡——從字面看起來，馬克思確實是以這個理由，為殖民主義正當化。

在一八六〇年代開始動筆的、為了準備《資本論》的草稿中，馬克思批判瑞士的社會主義者西蒙德．西斯蒙地（Simonde de Sismondi, 1773-1842）。他這樣說：

人類這個種族的能力的發展——就算最初需要犧牲許多個人，甚至犧牲一整個階級——最終將與每個個人的發展一致。因此，個人更高度的發展，只有經過歷史的過程——個人必須在這個過程中被犧牲——才可能達成。這件事他們（西斯蒙地等人）不懂[17]。

即使要犧牲個人，也要提高生產力！將市場與資本主義帶到全世界！那正是自由與解放的條件！這時候的馬克思，彷彿是新自由主義的號角手。

## ◆把目光朝向非西歐與前資本主義社會

但是，薩伊德的批判並沒有考慮到晚期的馬克思。以這個意義來說，薩伊德的批判是片面的。雖然是因為MEGA的新資料研究才知道的事實，但後來馬克思深切地反省了自己的東方主義。關於這一點，決定性的變化仍然是發生在《資本論》出版後的一八六八年。

事實上，一八六八年之後馬克思不只研究自然科學與生態學，也耗費龐大的精力，研究非西歐與資本主義之前的共同體社會。

一八六八年，馬克思開始關心日耳曼民族的共同體；一八七〇年之後，又熱心研究非西歐、前資本主義社會的土地所有制度與農業。他大量閱讀有關古羅馬、北美原住民、印度、阿爾及利亞、南美等地區的文獻。不僅如此，馬克思對俄羅斯的農耕共同體特別有興趣，甚至親自學習俄語，以研究當地的共同體、土地所有制度與農耕方面的問題。

在這個時期的研究筆記中，馬克思不僅明確地批判英國的殖民主義，也以肯定的語氣，談到印度的共同體頑強的抵抗。在這裡，我們可以看到和一八五三年〈印度評論〉時明顯不同的馬克思。

## ◆〈致查蘇利奇信函〉——與歐洲中心主義之訣別

這種認識上的變化，在馬克思的最晚年表現得最為明確。那時候他介入一場關於

「俄羅斯共同體該往什麼道路前進」的論爭。一八八一年，他去世的前兩年，馬克思寫了一封信給俄羅斯革命家薇拉・查蘇利奇（Vera Ivanovna Zasulich, 1849-1919）。

晚期馬克思對進步史觀的批判，在這封信裡表現得最清楚明白。多虧了這封信，我們才得以窺見馬克思在《資本論》第一卷刊行後十四年來的研究，讓他的見解產生了多大程度的變化。不僅如此——若是說這封信裡隱藏著馬克思思想的到達點，也不過分。

當時的俄羅斯，還殘存著稱為「米爾」（Mir）的農耕共同體。當時有一些活動家，希望透過推廣農耕共同體，來進行社會主義革命、推翻皇帝的統治。他們就是一般通稱的「民粹派」（Narodniks）。那時候在俄羅斯的革命家們之間，對於「俄羅斯是否能不經過資本主義的階段、直接實行社會主義」的問題，發生了激烈的爭辯。

論戰的焦點，是先前引用過的，《資本論》第一卷、第一節的這句話：

> 對於發展遲緩的國家來說，產業較為發達的國家，為它們展示了自己將來的樣貌。

究竟這個主張，是否適用於俄羅斯？換句話說，俄羅斯是否需要像這句話所說的，先在資本主義體制下，尋求現代化？查蘇利奇寫信給馬克思，問他本人真正的想法是什麼。

馬克思實際上寄給查蘇利奇的回信，態度非常冷淡。但是，在寄出真正的回信之前，馬克思寫了很長的草稿，而且竟然重寫了三次！這表示，查蘇利奇相當直接地碰觸到問題的核心。「歐洲中心主義的進步史觀，真的是正確的嗎？」──寫下《資本論》這一節的十四年後，被來自非西歐的人提出這樣的質疑；馬克思遲遲無法回答，也是理所當然的吧！

回信的內容，相信很多人都知道。馬克思明確地表示，《資本論》裡對歷史的分析，「只限於西歐」。沒必要為了推動現代化，而破壞殘留在俄羅斯的共同體。相反地，俄羅斯應該以這些共同體為據點，抵抗不斷擴張、試圖吞噬全世界的資本主義。如果能「在共同體現有的基礎之上」吸收西歐資本主義帶來的正面成果，同時繼續發展共同體，將成為實現共產主義的機會──馬克思如此寫道。

重要的是這個事實：馬克思在這封信裡清楚地承認，俄羅斯可以不經過資本主義階段，直接切換到共產主義[18]。最晚年的馬克思，已經告別單線式的歷史觀與歐洲中心主義，這是毫無疑問的。

## ◆俄語版《共產黨宣言》的證據

我們也可以在翌年出版的《共產黨宣言》〈俄文版第二版序文〉中，確認同樣的看法。馬克思在那篇序文裡這麼說：

假使俄羅斯革命能成為西歐無產階級革命的訊號，兩者之間能夠互補，那麼現有的俄羅斯土地所有制度，將可以成為發展共產主義的出發點[19]。

馬克思刻意寫下對「米爾」共同體土地所有制度的高度評價。這不只是為了奉承俄羅斯人。如果沒有這篇序文，他年輕時期寫下的《共產黨宣言》，將遭到嚴重的誤解，認為那是對進步史觀的讚美。最晚年的馬克思充分了解這樣的危險，所以才寫下這樣一段話。

不但如此，這篇〈序文〉還清楚地指出，俄羅斯共同體不但不需要經過資本主義式的發展，還可以比西歐更早開始發展共產主義——即使之後，必須由西歐的革命補足起不足之處。馬克思的歷史觀發生了巨大的變化，這一點已經是無可否認的事實。

而且，這樣的主張完全不需要限定在俄羅斯。亞洲與拉丁美洲的共同體，一定也值得予以擴大。

之所以這麼說，是因為馬克思將亞洲的「村落共同體」——不只是「米爾」——也視為逃脫資本主義的暴力破壞、得以留存到現代的一種原始共同體。也就是說，世界上所存在的、所有這一類的共同體，都和俄羅斯的農耕共同體具有同樣的力量。這是馬克思給予這些共同體的評價。

加州大學的社會學家凱文・安德森（Kevin Anderson）從上述幾件事實，得出一個結論：晚年的馬克思開始接受多線式的歷史觀，而拒絕以進步史觀為根據的「單一革命模式」[20]。

對晚年的馬克思來說，邁向社會主義的通路，不能再侷限於西歐的發展模式。相反地，非西歐的社會，必須考量各自制度與歷史的複雜性，思考轉向共產主義的方法。

馬克思放棄了原本歐洲中心主義的進步史觀，轉而給予以非西歐地區為主的共同體積極正面的評價。在這個認識下，即使是薩伊德，也無法指責晚年的馬克思是「東方主義者」吧！

## ◆馬克思的共產主義改變了樣貌？

然而，晚期馬克思在思想上的轉變，只有「告別單線式的歷史觀」這一點而已嗎？絕非如此。

安德森在他的著作《邊緣的馬克思》（*Marx at the Margins*）中，給予馬克思晚年的共同體研究肯定的評價。但即使是安德森，也沒有看到這個轉變真正的意義。〈致查蘇利奇信函〉在理論上的重要性，超過安德森的認知——這是本書的主張。

話說回來，「晚年的馬克思捨棄了進步史觀」並不是什麼新的見解；這幾十年來，專家學者之間一直有這樣的看法[21]。而且就如同先前我們所說的，在一八五〇年代後半，馬克思反殖民地主義的立場就已經非常明確，同時也已經看到它在反資本主義鬥爭中的重要性。

從那時開始，經過了二十年以上的歲月，而且那麼熱心地從事共同體研究，如果我們還認為晚期馬克思理論轉變的內容只是「捨棄歐洲中心主義」、採用「多線式的歷史觀」，那就未免太粗糙了。

本書必須有更進步的觀點。確認馬克思是否捨棄了單線式的進步史觀，只不過是第一步而已，為的是與讀者們共享接下來的看法。真正重要的問題是，馬克思捨棄進步史觀的結果，達到了什麼樣的認識。

但如果要解開這個問題，光是知道馬克思經由一八六八年以後的共同體研究、捨棄了「歐洲中心主義」，是不夠的。安德森的研究非常出色，但如果說其結論有什麼平庸之處，那就是他只把目光放在進步史觀其中一個面向——也就是「歐洲中心主義」——的棄絕。要解開這個問題，我們必須同時處理進步史觀的另一個面向，也就是「生產力至上主義」。馬克思對環境問題的研究，使得他與「生產力至上主義」訣別。這一點帶來的理論轉變的意義，也必須一併思考。

事實上，一旦同時思考生產力至上主義的問題，將為我們帶來更驚人的解釋可能性。那已經不只是「通向共產主義的道路從單線變為多線」這麼簡單的東西了。

也就是說，一旦同時思考生產力至上主義的問題，我們將發現馬克思所構想的共產主義，其內容本身產生了巨大的變化。這是過去的研究從未充分解明的可能性。從這裡開始，我們終於要進入本書的正題。

## ◆為什麼《資本論》遲遲無法動筆？

《資本論》第二部、第三部遲遲無法動筆這件事實，也暗示了馬克思構想的共產主義，在他晚年產生變化的可能性。儘管恩格斯那麼熱切地期待《資本論》的完成，第一卷出版的十六年後，馬克思就撒手人寰了。如前所述，這段期間馬克思從事的是環境問題研究與共同體研究。為什麼不趕緊動筆寫作，而要把時間用在這兩項研究上？從表面上看起來我們不禁會認為，各種疾病纏身的馬克思受不了寫作的辛苦，而以讀書這個嗜好作為「逃避」。

然而，這個看法是錯的。如果我們以「物質代謝論」作為馬克思的理論軸心，就可以看到馬克思捨棄進步史觀、建立新歷史觀，嘔心瀝血的努力過程。為了打開這個新的視野，環境問題研究、以及非西歐與前資本主義社會共同體的研究，是絕對必要的。

因此，雖然這兩個研究主題乍看之下互不相干，但它們想問的最根本的問題，是互相關聯的。這是什麼意思？

## ◆衰滅的文明與存留下來的共同體

首先，讓我們從為什麼晚年的馬克思會熱衷於共同體的研究開始講起。事實上，馬克思開始研究共同體的契機，就是一八六八年初，他為了環境問題的研究而閱讀了弗拉斯的著作。從一開始，馬克思的環境問題研究與共同體研究，就彼此關聯。

馬克思讀了弗拉斯關於古代文明衰滅的研究，這件事我們已經介紹過。但弗拉斯談到的不只是這個，還包括沒有走上滅亡的路而存留下來的共同體。

弗拉斯特別給予「瑪爾克共同體」（Markgenossenschaft）高度的評價。那是一種古代日耳曼民族的共同體，以可持續的方式從事農業。日耳曼民族雖然被稱為「蠻族」，但是在持續可能性這方面，是非常優秀的民族。

所謂「瑪爾克共同體」，泛指從凱撒大帝到塔西佗（Tacitus）時代的日耳曼民族社會。在那個時期，原本以狩獵與軍事為目的之部族共同體，轉而從事定居型農耕。

日耳曼民族的土地是共同所有，對於生產方式也有嚴格的規範。據說在瑪爾克共同體裡，土地決不允許賣給共同體成員之外的人。不只是土地的買賣而已，木材、豬隻、葡萄酒等等物資，也禁止攜出共同體之外[22]。

這種嚴格的共同體規範，使得土壤養分得以維持循環，實現了永續的農業。而且長期來說，甚至會帶來地力的提高。這一點和共同體規範力薄弱而導致衰亡的古代文明，有天壤之別。不僅如此，和耗盡土壤養分、將收穫的穀物賣到大都市以追求利潤的資本主義農業經營方式，更是完全相反。

弗拉斯的一連串著作，令馬克思入迷。馬克思從撰寫《資本論》開始就已經持有的環境保護觀點，進一步引起他對前資本主義社會共同體所具有的持續可能性之關心。

## ◆在共同體中遇見平等主義

馬克思受到弗拉斯對瑪爾克共同體的分析強烈的吸引。這一點從他在研讀弗拉斯的著作時，同時仔細地閱讀德國法制史學者葛奧爾克・馮・茅勒（Georg Ludwig von Maurer, 1790-1872）關於瑪爾克共同體的研究，也可以看出來。弗拉斯關於瑪爾克共同體的論述，就是以茅勒的書為基礎。

有趣的是，馬克思也在茅勒的主張中，看到和弗拉斯一樣的「社會主義傾向」[23]。那是因為茅勒指出這樣的事情。瑪爾克共同體不只準備足夠的共有地，好讓共同體成員都可以有平等的放牧條件，哪一位成員可以使用哪一片土地，使用抽籤的方式決定，並且定期輪替更換。他們以這個方式，來防止肥沃的土地由小部分的人獨佔，以避免發生財富分配不均的狀況。

這種制度，和古羅馬的「大莊園制」（latifundium）正好形成對比。在「大莊園制」底下，貴族擁有並經營廣大面積的土地，而由奴隸擔任勞動。茅勒雖然是位保守的思想家，但他在歷史中發現的、日耳曼民族的「平等主義」，連當時的社會主義者也為之震撼[24]。

## ◆新共產主義的基礎──「持續可能性」與「社會的平等」

當然，一八六八年之前的馬克思，也知道共同體社會是平等主義的社會。他在《資本論》裡也使用「自然發生的共產主義」一詞，來描述原始共同體的特徵[25]。

不過，馬克思之所以緊接在完成《資本論》第一卷之後，以「社會主義的傾向」的相同說法給予弗拉斯與茅勒高度評價，背後有其重要的理由。那是因為他有了全新的發現。馬克思開始認真地思考，「持續可能性」與「社會的平等」之間的密切關聯。而這正是後來馬克思對於環境問題與非西歐共同體的研究，同時並行的原因。

古時候的日耳曼民族，將土地視為全體成員共有的財產。對他們來說，土地不是屬於任何個人的東西。因此，為了不讓自然的恩惠造成少數人的利益，他們以平等的方式分配土地。他們努力防止財富的獨佔，以避免在成員之間形成統治與被統治的從屬關係。

同時，因為土地不屬於任何個人，他們得以保護土地，不讓土地遭到所有權人恣意濫用。因此這個制度也成了土地持續可能性的保障。

「持續可能性」與「社會的平等」就以這個方式緊密相連。而這兩者的密切關係，正給予了共同體對抗資本主義、建立共產主義的可能性，不是嗎？馬克思越來越強烈地意識到這個可能性。

## ◆以環境保護的觀點再次檢討〈致查蘇利奇信函〉

馬克思這些思考，最終達到的結論，就是〈致查蘇利奇信函〉。讓我們來看看這封信的草稿的細節吧。

首先，馬克思在這份草稿中，提到了研究共同體的那位茅勒。馬克思說，俄羅斯的「米爾」是一種原始共同社會；他稱這種型態的原始共同社會為「農耕共同體」。他還說明，西歐的日耳曼共同體，也屬於同樣的型態。

馬克思認為，農耕共同體所具有的「自然的生命力」非常強大。中世紀許多其他型態的共同體，在經歷不斷的戰爭與人民的遷徙之後消失、瓦解，但農耕共同體存留了下來。甚至到了馬克思的時代，以他的故鄉特里亞（Trier）為首，還有許多地區的森林與牧地保留了古時候的制度，仍然是共有地。

馬克思在手稿裡稱呼存留到中世紀的這種社會的共同性為「新共同體」，並給予高度評價。

新共同體從自己的原型（＝農耕共同體）繼承了好幾個特徵。正因為如此，貫穿整個中世紀，這個共同體是民眾的自由與生活的唯一根源[26]。

以這樣的評價為基礎，馬克思向查蘇利奇表示，自己並沒有將「經由資本主義進行現代化」的途徑強加於俄羅斯的想法[27]。他說，俄羅斯仍然保有農耕共同體，以這種共同體的力量為基礎，可以轉向共產主義。我們從這一段文字，也可以看出馬克思歷史觀的巨大改變。

但是在這裡，更重要的是馬克思對環境問題的意識。從這封信我們可以看到，最晚年的馬克思是這麼想的：資本主義體制下生產力的提升，不必然會造成人類的解放。相反地，資本主義攪亂人類與自然——生命最根源的條件——的物質代謝，並造成其循環過程的斷裂。資本主義所帶來的，並不是朝向共產主義的進步。相反地，資本主義破壞「自然的生命力」，而「自然的生命力」對社會的繁榮來說，是不可或缺的。

然而，馬克思這種新的認識，卻迫使他不得不批判自己過去的進步史觀。如果資本主義不是一種進步，如果資本主義所帶來的是對自然環境無可挽回的破壞、以及社會的荒廢，單線式的歷史觀必定會受到巨大動搖。「生產力發達的西歐，比非西歐地區優越」再也不是不證自明的事實。

如同我們前面看到的，根據弗拉斯與茅勒的看法，瑪爾克共同體透過社會的組織，讓人類與自然的物質代謝，保持能夠持續循環的型態，同時也實現了平等的關係性。雖然瑪爾克共同體的生產力比我們低很多，但是在這個意義下，它遠比我們「優秀」。

當然，這種理論框架的大幅度修正，毫無疑問地讓《資本論》第二卷、第三卷的撰寫變得極度困難。儘管如此，為了繼續寫作《資本論》，從根本上重新建立歷史觀是必要的。而馬克思之所以研究非西歐與前資本主義的共同體、研究以環境生態為主題的自然科學，就是為了重新建立他的歷史觀。

## ◆資本主義與生態學者的鬥爭

事實上，捨棄進步史觀的結果，迫使馬克思也不得不大幅度修正他對西歐社會——比方他所居住的英國——的現狀分析。這是理所當然的。馬克思研究共同體並不是為了消遣，而是為了克服西歐資本主義。

在《致查蘇利奇信函》的草稿裡，也可以看到這樣的變化。那是在他談論西歐資本主義危機的地方：

不論是在西歐或是美國，資本主義與勞動大眾、科學、以及這個制度所帶來的生產力本身，都處於鬥爭狀態。一言以蔽之，資本主義正處於危機當中[28]。

過去，採取馬克思．列寧主義的人們，都將馬克思「資本主義與科學處於鬥爭狀態」這句話，解釋為「需要更上一層的生產力發展」。也就是說，他們認為生產力的提升，是克服資本主義所帶來的危機之方法。

正因為如此，《哥達綱領批判》（一八七五年）中馬克思對共產主義所下的著名的定義「人人各盡所能、各取所需」[29]，也被解釋為透過無限的生產力與「無限的豐裕」，來解決分配不均的問題[30]。

然而，如果我們閱讀這封信的時候，考慮到晚年的馬克思所觀察到的、資本主義造成物質代謝循環的斷裂，以及他對生產力至上主義的批判，那麼我們所理解到的意義，將完全相反。

在西歐社會中，與資本主義處於「鬥爭狀態」的「科學」，是像李比希或弗拉斯那樣，具有環境保護觀點的「科學」。換句話說，就是生態學。

這兩位生態學家對資本主義的掠奪展開批判，動搖了資本主義的正當性。「科學」明確地指出，生產力至上主義的企圖是失敗的；想要以技術讓自然服從、以技術將人類從自然的限制下解放出來，是不可能的。

李比希讓我們清楚看到，資本主義無法以可持續的型態，繼續提高生產力。如果硬是要提高生產力，必定會造成對地球環境的掠奪。不僅如此，更糟的是，會破壞自然所擁有的、自我修復的能力。我們不可能找到方法為這樣的資本主義正當化，資本主義也不可能長久繼續下去。

在了解了馬克思的生態環境思想後，我們大可以這種方式，來理解「科學與資本主義的鬥爭」這句話。

## ◆「新理性」——為了以持續可能的方式管理大地

馬克思從李比希與弗拉斯的論述得到了一個視點，那就是以自然科學的知識見解為基礎、以克服資本主義帶來的危機為目標的「理性的農業」。當然，他們所說的「理性」，並不是資本主義底下「追求最大利益」的理性。他們所說的是「新理性」。

馬克思死後，由恩格斯所編纂的《資本論》第三卷的〈地租論〉之中，馬克思談論了資本主義底下，土地利用的不合理。

> 資本主義並非以自覺的、理性的方式對待土地——共同永遠持有的土地、無法在人類世代交替的連鎖中轉讓的土地、作為生存與再生產之條件的土地——，而是剝削、浪費地力[31]。

資本主義運用自然科學，是為了榨取無償的自然力。生產力提升的結果，加強了（對自然的）掠奪，摧毀人類永續發展的基礎。從長期的觀點來看，以這樣的型態利用自然科學，是「剝削」、是「浪費」，而絕不是「理性的」。

提出這種批判的馬克思，尋找的並非無限的經濟成長，而是將「大地＝地球」視為「common」（公共財），以持續可能的方式管理。而這正是李比希與弗拉斯所要追求的、「理性的」經濟體系。

因此，馬克思所說的是，這種合乎科學的要求曝露出資本主義的非理性，並且造成資本主義正統性的「危機」。

在〈致查蘇利奇信函〉中，接續著先前我們引述的段落之後，馬克思如此下了結論：

（資本主義的）危機，將因為資本主義制度的滅亡而結束；人類將以遠古社會類型的更高層次型態，回歸到集體生產與集體擁有，現代社會將因而終結[32]。

資本主義的發展前進到最大極限之後，等在前方的是共產主義——馬克思不再這麼想。相反地，他開始認為，日耳曼民族的瑪爾克共同體與俄羅斯的米爾共同體中，存在著西歐現代社會必須「回歸」的要素。

那麼，西歐社會必須向米爾共同體與瑪爾克共同體學習的、必須重新取得的要素，究竟是什麼？

## ◆真正的理論大轉換——共產主義的變化

終於我們逼近了問題的核心。讓我們整理到目前為止的探討，並且得出結論。

晚年的馬克思捨棄了進步史觀。他之所以能做到這一點，是因為一八六八年以降的自然科學研究以及共同體研究。只有確實了解到這兩方面的研究是密切關聯的，我們才能夠理解晚期馬克思的到達點〈致查蘇利奇信函〉所具有的理論意義。

也就是說，馬克思透過對自然科學與共同體社會的研究，加深了他對「持續可能性」與「平等」的關聯之考察。他數度改寫〈致查蘇利奇信函〉，嘗試描繪出未來社會應該追求的、合乎新理性的樣貌。簡單來說，來自俄羅斯人的疑問，促使他重新構想在西歐社會實現永續、平等的展望。

最終從這個思考實驗浮現的，是馬克思最晚年真正的理論大轉變。對生態環境的研究，不但使他告別進步史觀，更迫使他從最根本之處，修正「西歐資本主義較為優越」這個假定。

這些修正的結果，不僅使得馬克思主張走向共產主義有多種可能的道路，更讓他大幅度改變對共產主義的構想——西歐資本主義應該追求的目標——本身。

這是怎麼一回事？讓我們來說明。

以傳統為依據的共同體，所遵循的生產原理與資本主義完全不同。如同茅勒與弗拉斯所說，共同體的內部受到強力的社會規範約束，資本主義體系的商品生產邏輯在這裡是無法貫徹的。舉例來說，在瑪爾克共同體裡，不只是土地，連共同體所生產的物品，都不允許與外界買賣。

共同體以傳統為基礎，不斷反覆同樣的生產。換句話說，那是沒有經濟成長的循環型穩定經濟。

共同體並不是因為「未開化」與「無知」，不得已只好忍受低落的生產力與貧困的生活。事實正好相反；即使在明明可以延長勞動時間、提高生產力的狀況下，共同體也刻意選擇不那麼做。那是為了防止權力關係的發生，不讓共同體的成員淪入支配、從屬的關係。

## ◆轉向「棄成長」的馬克思

馬克思認識到一件事──沒有經濟成長的共同體社會，其安定性曾經以持續可能的方式，組織平等的人類與自然之間的物質代謝。這個認識的重要性，是決定性的。

先前我們已經提到過，一八五〇年代初期的馬克思，曾經因為印度共同體的穩定型經濟，而認為印度社會是被動的、靜態的、「完全沒有歷史」而予以唾棄。馬克思這樣的發言裡，濃縮、凝聚了生產力至上主義與歐洲中心主義。

但是晚年的馬克思，有了不一樣的見解。他開始主張，共同體社會的穩定性，正可以成為抵抗殖民主義統治的力量，甚至可能成為打倒資本、建立共產主義的契機。馬克思的觀點顯然有巨大的轉變。和一八五〇年代完全不同的是，他開始肯定穩定型經濟。

讓馬克思認識到共同體社會的潛力的，是他晚年所進行的生態環境研究。也就是說，對於持續可能性的關心，使他對共同體有了與一八五〇年代完全不同的看法。乍看之下，晚年的生態環境研究與共同體研究似乎是互不相干的，但是在這裡確實結合在一起。

馬克思晚年的這些研究，終於為他建立了理論的地基，讓他可以構想真正自由且平等的、未來的西歐社會。馬克思的目的，並不是要分析非西歐社會（比方俄羅斯）歷史發展的進程；連走向共產主義有多重可能路徑的想法，也只是副產品。馬克思最主要的目標，終究是構想西歐社會的未來樣貌。他之所以研究共同體的問題，就是為了這個。

長達十四年的研究之後，馬克思得到一個結論：穩定型經濟的持續可能性與平等，將成為抵抗資本的力量，並且成為未來社會的基礎。

西歐現代社會若是要克服資本主義的危機，就必須重新取得持續可能性與平等。而它的物質性條件，就是穩定型經濟。

簡單來說，馬克思最晚年追求的共產主義，就是平等且永續的棄成長型經濟。

當馬克思說，為了克服資本主義的危機，西歐社會必須「以遠古社會類型的更高層次型態，回歸到集體生產與集體擁有」，他所追求的就是在西歐以更高的層次，復興共同體的原理，也就是穩定型經濟。

## ◆「棄成長共產主義」

討論到這裡，所謂「回歸」的意思應該已經很明確。馬克思所說的是，西歐若是要實行共產主義、建立重視持續可能性與平等的「新理性」，就必須向共同體學習穩定型經濟的原理。

當然有一點我們必須注意的是，這個構想絕非「回歸農村」、「組成公社」那種懷舊的東西（馬克思一再強調，俄羅斯的共同體必須採用、納入資本主義帶來的技術革新等等正面的成果）。西歐需要的革命，是一方面珍惜現代社會的成就，同時以「遠古社會的類型」——也就是穩定型社會——為範本，跳躍進入共產主義。

因此，像蘇聯那種追求經濟成長、生產力至上主義型的共產主義，是完全無效的。蘇聯式的共產主義就算推進了資本主義的原理，卻無法開拓未來社會的展望。馬克思等於已經為蘇聯斷罪。

反覆來說，這和他年輕時所主張的生產力至上主義，是完全相反的立場。不僅如此，這和撰寫《資本論》時，受到李比希影響的「環保社會主義」階段的馬克思，也大不相同。那時候他仍然主張，如果能轉型成為社會主義，永續的經濟成長是可能的。

但是到了晚年，連這一點他都放棄了（圖表八）。

就像這樣，馬克思在他最晚年的時候，大大改變了他對未來社會的願景。借用過去流行一時的路易．阿圖塞（Louis Pierre Althusser, 1918-1990）的話來說，這樣的變化幾乎可稱為是「認識論的斷裂」。

簡單來說，捨棄進步史觀之後的馬克思，得以將共同體的持續可能性與穩定型經濟的原理，納入自己的轉型論之中。結果共產主義的理念，轉化為既不是「生產力至上主義」、也不是「環保社會主義」的東西。那就是，最晚年他所到達的「棄成長共產主義」。

這個從未有人提出過的說法，是對晚期馬克思所描繪的未來社會圖像，一種全新的解釋。馬克思的這個思想上的轉變，甚至連他的親密戰友恩格斯，也完全不能理解。結果在馬克思死後，他的歷史觀被誤解為單線式的進步史觀；生產力至上主義被規定為左

**圖表八　馬克思追求的目標**

| | | 經濟成長 | 持續可能性 |
|---|---|---|---|
| 1840年代<br>～<br>1850年代 | 生產力至上主義<br>《共產黨宣言》、《印度評論》 | ○ | × |
| 1860年代 | 環保社會主義<br>《資本論》第一卷 | ○ | ○ |
| 1870年代<br>～<br>1880年代 | 棄成長共產主義<br>《哥達綱領批判》、《致查蘇利奇信函》 | × | ○ |

派的思想典範。

就因為如此，距離《資本論》第一卷出版已經一百五十年的今天，馬克思主義仍然無法看出，環境問題是資本主義最終的矛盾，導致「人類世」的環境危機嚴重到現在的地步。

## ◆新武器——棄成長共產主義

事實上，馬克思主義與棄成長，一向被視為水火不容的概念。從前的馬克思主義者對共產主義的構想，就是勞動者奪回生產手段，自由操作生產力與技術，讓自己的生活變得豐裕的社會。在人民的認知裡，這樣的社會與棄成長是互不相容的。

因此，雖然許多人都知道馬克思曾經研究共同體與生態環境問題，但並沒有人將兩者組合起來看待。那是因為過去研究馬克思的人，不願意接受棄成長的想法。

當然，到目前為止研究者都滿心歡喜地接受安德森所指出的、馬克思捨棄了歐洲中心主義一事。因為這樣的說法，讓馬克思接近現代人心中的「政治正確」。拙著《在大洪水之前》在討論「環保主義者馬克思」的時候，嘗試描繪出政治正確的馬克思，也受到世界上馬克思主義者的歡迎。

然而，沒有任何人曾經踏入「棄成長共產主義」的領域。《在大洪水之前》也只是指出馬克思追求永續經濟成長的「環保社會主義」思想，沒有再往前一步。實際上，那本書的英文版標題，就是《馬克思的環保社會主義》。

之所以會有這樣的情況，終究是因為馬克思主義所繼承的「生產力至上主義」這個負面的遺產，太過巨大。過去，馬克思主義一直無法接受生產力的提升是一件破壞性的事情，一直對「棄成長」這個概念抱持敵對的態度。

馬克思晚年的思想——捨棄生產力至上主義，向非西歐與前資本主義的共同體學習社會變革的可能性——和一般人對馬克思的印象完全不同。然而，即使馬克思主義者以這兩點，為馬克思進行「政治正確化」，仍然不足以顯示馬克思晚年思想真正高度。

馬克思為了克服西歐資本主義所構想的企劃，也就是「棄成長共產主義」，才是他到達的頂點。

上述的分析所具有的意義，不只是說明馬克思晚年所描繪的共產主義圖像而已。看清他晚年到達的境界，將帶給我們過去從未有人提倡過的、「棄成長共產主義」這個全新的概念，成為我們構想未來社會的武器。

## ◆《哥達綱領批判》的全新解讀方式

我們所說的，是牽強附會的解釋嗎？不，不是的。

為了思考這一點，讓我們來仔細探討晚年的馬克思在一八七五年撰寫的《哥達綱領批判》。這是一份討論西歐社會變革的文件。讓我們注意出現在其中一節的「集體財富」這句話。這個著名的一節，描述的是當人們從資本的支配解放出來、取回勞動的自由時，財富的存在方式將發生巨大的變化。

> 在共產主義社會更高的階段中，也就是當人們不再如同奴隸般從屬於分工，腦力勞動和體力勞動的對立消失之後，勞動不再只是謀生的手段，而且本身成了生命的第一需求之後，在隨著個人的全面發展、生產力也擴大、集體財富的一切源泉更進一步湧現之後——只有在那個時候，社會才能完全超出資產階級法權的狹

隘眼界，社會才能在自己的旗幟上寫上：各盡所能，各取所需[33]！

馬克思說，未來在共產主義中，以增加貨幣與私有財產為目的個人主義式生產，將由共同管理「集體財富」（der genossenschaftliche Reichtum）的生產取代。這一點以本書的表達方式來說，正是「common」的思想。

在此之前，馬克思也經常使用「合作的」（genossenschaftlich）這個字詞。Genossenschaftlich這個字有「合作社的」意思，通常是用在「合作社的生產」、「合作社的生產手段」等等場合。

然而，「集體財富」這個用法，在《哥達綱領批判》中只出現了一次。如果沿用慣例翻譯成「合作社的財富」，將顯得不自然。而且，若是以這個方式來解讀，「生產力也擴大、而集體財富的一切源泉更進一步湧現」這句話，將成為對生產力至上主義的支持表態。但是，一八七〇年代的馬克思，不可能採取這樣的立場。

這樣一來，《哥達綱領批判》中「genossenschaftlich」一字，很可能和之前的著作，有不同的由來。那麼，它來自何處？

從撰寫《哥達綱領批判》的時期來推測，它可能是來自日耳曼民族的「瑪爾克共同體」(Markgenossenschaft)。馬克思從對瑪爾克共同體「共同所有」制度的研究所得到的新見解，很可能影響到他所寫下的這一節文字。如果是這樣，那麼我們是否應該將它譯為「共同體財富」，而不是「集體財富」?「共同體財富」由成員共同管理，是非常自然的事。

也就是說，這整段文字的意義應該是表示，我們應該以瑪爾克共同體管理財富的方式，在西歐重新構築共產主義的社會共同性。簡單來說，那就是穩定型經濟的原理；這個原理，才能夠實現源源不斷的豐裕。當然，這裡的「豐裕」的意思，並不是無限制地生產所有的東西。相反地，那是「common」所帶來的「根本的豐裕」——我們將在第六章，仔細探討這個概念。

上述的論點，正是馬克思在最晚年所達成的理論大轉換。

## ◆承接馬克思的遺言

確實，馬克思沒有在任何地方，以完整的方式寫下他心中「棄成長共產主義」的樣貌。但是，如果我們將散見於MEGA所收錄的各種文獻中、馬克思自然科學與共同體研究的紀錄拼湊在一起，晚期馬克思的到達點——「棄成長共產主義」——將自行浮現。

讓我們再說一次——這是過去從未有人想像過的馬克思形象。正因為忽略了這個思想，才造成當今馬克思主義的停滯，以及嚴重的環境危機。即使是那些批判蘇聯的馬克思主義者，也無法完全擺脫生產力至上主義的想法。

然而，當代社會所面對的嚴重的環境危機，正是由生產力的無限擴大所引起的。考慮到這一點，我們已經沒有任何擁護生產力至上主義的餘地。而且，再想想我們在第二章討論過的、「脫鉤」的困難，甚至連「環保社會主義」都談不上是合格的選項。

如今資本主義的全球化，已經到了十九世紀無法相提並論的規模；它帶來的矛盾，已經威脅到人類的生存本身。在這樣的時代，我們必須追求晚期馬克思所提示的棄成長共產主義。如果想要在「人類世」中生存下來，馬克思的遺言——最晚年所寫下的這封《致查蘇利奇信函》——是我們不可或缺的東西。

由於馬克思在理論上的轉變過於巨大，使得他一直到過世的那一天，都還無法完成《資本論》。然而，生活在當代的我們，應該追求什麼樣的未來社會？就在他來不及完整論述的前方，正埋藏著重大的線索。

因此，為了積極面對「人類世」的危機，我們現在就必須更進一步發展最晚年馬克思資本主義批判的洞見，賦予未完成的《資本論》大膽、嶄新的解釋，繼承馬克思的「棄成長共產主義」，並予以理論化。

# 第五章

# 逃避現實的加速主義

## ◆邁向「人類世」的資本論

到目前為止的討論，已經讓我們看得很清楚——在這個氣候危機的時代，我們所需要的是共產主義。

如今，不斷擴張的經濟活動已經將地球環境破壞殆盡。我們如果不能親手阻止資本主義，人類的歷史將走向終點。在這個氣候危機的時代，重要的是尋求非資本主義的社會體系。共產主義正是「人類世」的時代應該選擇的未來。

但是，就算是共產主義，也有各種不同的型態。本書和晚年的馬克思採取同樣的立場，追求棄成長型的共產主義。不過目前有一個相反的傾向，主張透過日益加速經濟成長，來實現共產主義。那就是近年來在歐美得到許多支持的「左派加速主義」（left accelerationism）。

坦白說，「加速主義」只不過是對晚期馬克思的思想成就無知的、一個莽撞的怪物。一百五十多年來一直有一個誤解，認為「生產力至上主義才是馬克思主義的真髓」；而「加速主義」就是這個誤解的產物。但是，擔憂環境危機的人們，目前正認真地探討這個想法的可能性。

從現在開始，我想要檢討、批判這個「加速主義」，將它當作反面的教材。這麼做，必定會讓讀者們對晚年的馬克思、以及本書所追求的棄成長共產主義，有更清楚的了解。

這是第五章想做的事。

## ◆什麼是加速主義？

加速主義追求可持續的成長。加速主義主張，在資本主義的技術革新之後來臨的共產主義中，完全可持續的經濟成長，將可能存在。

舉例來說，英國的年輕記者亞倫．巴斯塔尼（Aaron Bastani, 1983-）就追求這樣的可能性。他所提倡的「完全自動化的奢華共產主義」（fully automated luxury communism）為他博取了聲望。

即使是這樣的巴斯塔尼，也指出氣候的變遷與人口的增加，是二十一世紀的文明危機。特別是發展中國家的人口成長與經濟發展，提高了各種資源的消費量，也使得非耕作不可的土地面積增加，形成地球的負擔。這些狀況將無可避免地引發無法挽回的氣候危機。話雖如此，我們也不能叫發展中國家的人民，忍耐目前的貧困的生活。巴斯塔尼認為，現有的環境運動的困難，就在這裡。

根據巴斯塔尼的說法，目前正在發生的技術革新，足以和農耕的開始與化石燃料的使用匹敵，是人類史上的歷史轉戾點。

養牛需要龐大面積的土地，我們該怎麼辦？只要用工廠生產的人工肉代替就行了。讓人們受苦的疾病，該怎麼處理？可以用基因工程學來解決。自動化可以將人類從勞動中解放出來，但如何確保驅動機器人的電力？只要利用無限的、免費的太陽能就好了[34]！

確實，鋰與鈷等稀有金屬在地球上的存量是有限的。但巴斯塔尼認為，這一點也不用擔心。為什麼這麼說呢？因為只要再進一步發展採掘宇宙資源的技術，我們就可以從地球周遭的小行星開採所需的資源。對巴斯塔尼來說，自然的極限是不存在的。

當然，現階段這些技術還無法廣泛運用，即使將它們商業化，也不合成本。即使如此，他的態度仍然是樂觀的。他預測，根據「摩爾定律」，技術開發將以指數函數的速率發展，在不遠的將來，這些技術都將實用化。

巴斯塔尼表示，一旦這些技術實用化，相關部門的生產力上升，最終來說，市場價格機制也將產生革命性的變化。他這樣說的理由是，市場價格的機制只有在資源具有「稀有性」的時候，才能發揮作用。舉例來說，空氣的存在量極其豐富，因此我們無法為空氣制訂價格。太陽能與地熱的存在量也和空氣一樣豐富。它們和化石燃料不同；太陽能與地熱的設備費用一旦分期攤還完畢，之後就將成為免費的能源。

只要我們以指數函數的速率推進生產力的發展，所有東西的價格都將持續下降，最終將形成不受自然制約、也不受貨幣束縛的「富裕經濟」。那就是巴斯塔尼所主張的「完全自動化的奢華共產主義」。在他描繪的將來，人們不需要在意環境的問題，可以隨心所欲地，自由使用無償的財貨。

對巴斯塔尼來說，這才是「各取所需」的馬克思共產主義之實現。

## ◆將錯就錯、硬幹到底的環保現代主義

但是，巴斯塔尼樂觀的預測，正是晚期馬克思訣別的典型生產力至上主義。這種

思想最近被稱為「環保現代主義」（ecomodernism）。環保現代主義主張徹底使用核能發電與負排碳等技術，以「管理運用」地球。比起認識自然的極限、與自然共存，他們的目標更在於管理自然，讓自然為人類的生存服務。我們在第二章提到過的「突破研究所」，他們推廣的就是環保現代主義。

環保現代主義的問題，就在於將錯就錯、硬幹到底的態度。他們認為，環境危機已經嚴重到這個地步，事到如今已經無法回頭。因此，我們應該索性更進一步干涉自然、管理自然，保護人類的生活。

舉例來說，法國哲學家布魯諾．拉圖（Bruno Latour, 1947-2022）就用一句話來表達這種立場：「愛你製造出來的怪物」。他認為人類製造出來的科技是個「怪物」，但我們已經沒有拋棄這個「怪物」的餘地，因此他擁護環保現代主義[35]。

當然，巴斯塔尼與拉圖爾的環保現代主義，正是洛克斯特洛姆所說的「逃避現實的思考」。我們在第二章已經看到「綠色經濟成長」派的虛假騙局。既然「脫鉤」是困難的，就算真的能實行共產主義，環境的持續可能性與無限的經濟成長，仍然是不可能兩立的。

即使在巴斯塔尼構想的加速主義式的共產主義裡，如果想要將經濟規模擴大到兩倍、三倍，就需要開採更多的資源。結果，就算真的能做到從化石燃料切換為太陽能，也會因為經濟規模的擴大而抵消原本可以得到的好處，二氧化碳的排放量仍然會繼續增加。「傑文斯的悖論」（請參照第二章）在共產主義裡，仍然會發生。

為了解救世界的貧困，加速主義追求更進一步的經濟成長，因此他們希望以其他型態的能源取代化石燃料。但諷刺的是，他們所主張的做法，反而會強化對地球的掠奪，引起更嚴重的生態學帝國主義。

## ◆哪邊才是「外行人政治」？

加速主義的問題不只如此。不但從科學的角度來看，加速主義是不合理的，它所提倡的改革過程也有問題。

加速主義不斷對冷戰體制瓦解後的左派提出批判。他們批判的標的，是有機栽培、慢食運動、當地生產當地消費、蔬食主義等等型態的環境保護運動。加速主義譴責這些運動，認為它們從本質上注定是地區性的小規模運動，無力面對全球化的資本主義。

同樣採取加速主義立場的尼克・斯魯尼切克（Nick Srnicek, 1982-）與亞歷克斯・威廉斯（Alex Williams, 1981-），稱呼這種地區性的抵抗方式為「外行人政治」（folk politics）[36]。在他們眼裡看來，「棄成長」或許也是「外行人政治」的典型吧！

那麼，巴斯塔尼的「奢華共產主義」要如何避開「外行人政治」的陷阱？巴斯塔尼的回答是「選舉」。他提倡「選舉主義」，試圖發展「左派民眾主義」[37]。

他的想法如下：技術革新可以帶來豐裕的經濟；國家必須以政策誘導，促使技術革新快速向前推進。政府必須提供研究開發資金，積極給予補助。同時，我們需要大刀闊斧的修法，以放鬆管制。我們必須讓有意識地追求這種政策的政黨抬頭，民眾必須透過投票來支持這樣的政策取向。這就是巴斯塔尼之流「左派民眾主義」的戰略。

但是，雖然巴斯塔尼追求的是大規模的社會改革，但是想要透過選舉達成共產主義革命的想法，借用加速主義者的用詞，實在「外行」得離譜。而正因為他的想法「外行」，所以甚至是危險的。

首先，超越資本主義，需要的是生產關係領域的變革。以為生產關係領域的變革，可以透過政治改革來實現，是極為天真外行的想法。這是典型「政治主義」的思考方式[38]。

## ◆政治主義的代價——只要舉行選舉，社會就能改變？

「政治主義」是一種想法，認為我們該做的事，就是在議會民主制的框架中，透過投票選出優秀的領導人；之後不論是制度或法律的變更，都全權交給政治家與專家們即可。民眾期盼有魅力的領導人；一旦出現這樣的候選人，就投票給他或她。在「政治主義」裡，改革的關鍵是投票行為的變化。

然而這樣做的結果，鬥爭的領域必然會矮化為選戰。換句話說，關心的事項變成「推出什麼樣的政見與候選人」、「如何利用大眾傳播與社群媒體以塑造形象」等等。

這種想法所犧牲的代價，非常明顯。巴斯塔尼高舉共產主義的旗幟。然而，所謂共產主義，原本是一種生產關係的大轉換；但巴斯塔尼的共產主義，是一種透過政治、政策實現的「政治計畫」。在這樣的「政治計畫」裡，生產領域的改革——也就是階級鬥爭——的視點完全消失不見。

不僅如此。政治主義認為，像「罷工」那種「老掉牙」的階級鬥爭，或是示威、靜坐那種「激進的」直接行動，會傷害形象、影響選戰，妨礙不同組織、派閥之間的合作，主張予以排除。在政治主義裡，「關於未來的政策案，全權交給專家處理」是主流的思想。

於是外行人的「外行的」意見，在專家見解的權威下，受到壓抑。乍看之下，政治主義從上而下的改革是比較有效率的，但是它造成的犧牲卻是民主領域的窄化，而參與者的主體意識，明顯地遭到毀損。

實際上，重視政策的社會改革，是史迪格里茲之流經濟學家的做法。讓我們回想一下齊澤克對史迪格里茲的批判（請參見第三章）。光是靠議會政治無法擴張民主的領域，不可能對社會整體進行改革。選舉政治在資本的力量面前，必定會碰到自己的極限。政治無法獨立於經濟之外，必定會受到經濟的制約。

只靠國家，不可能施行超越資本力量的法律（這種事要是做得到的話，大家早就做了）。因此，我們需要透過與資本對抗的社會運動，逐步擴張政治的領域。

## ◆以「公民議會」更新民主的意義

近年來在歐美受到矚目的「氣候公民議會」，是一個好例子。公民議會（citizens'

assembly）的概念之所以一躍成名，是因為英國的環境運動「反抗滅絕」（Extinction Rebellion）與法國的「黃背心運動」。這些運動的背景雖然不同，但是都以封鎖道路與橋樑、阻礙交通工具運行等方法，麻痺都市的機能，造成日常生活的大混亂。

這些不畏懼警方逮捕的「激進」運動雖然受到全世界矚目，但是在日本，卻幾乎沒有人知道其真正的來龍去脈。結果大多數日本人對「黃背心運動」只有非常樣板化的理解，認為那是因為「具有高度環保意識的菁英」法國總統馬克宏，為了阻止氣候變遷而引進了化石燃料稅，而引起卡車司機與農民等低所得階層的反抗。就因為這種偏頗的看法，日本的媒體幾乎都不報導有關公民議會的消息。

事實上，那些要求更大膽的氣候變遷對策的人們，也參加了「黃背心運動」。事實上他們之所以批判馬克宏，是因為他一方面提高化石燃料稅，另一方面卻企圖降低富人稅，而富人階層卻是二氧化碳主要的排放者。此外，他還減少地方的公共交通設施，迫使都市以外地區的居民，日常生活不得不依賴自用汽車。

因為受到強烈的批判，馬克宏在二〇一九年一月宣布，實施為期兩個月的「全國大辯論」。結果，全國的自治團體分別召開了一萬次左右的集會，提出了一萬六千個提案。儘管如此，法國國民察覺到這場「全國大辯論」僅僅是形式上的東西，仍然感到強烈的不滿。在持續的批判下，馬克宏終於在同年四月宣布履行他過去的承諾，召開「氣候公民會議」。

因為這樣的來龍去脈，法國終於舉行了一百五十人規模的公民會議。這次的會議作出了一項決議，要在二〇三〇年之前，降低四〇%的溫室氣體排放量（與一九九〇相比）。

公民議會最重要的特徵，是選出代表的方式。議會的成員不是透過選舉，而是以抽籤的方式產生的；這一點和以選舉產生的國會，有決定性的不同。當然，也不是完全隨機的；他們依照年齡、性別、學歷、居住地等等因素，調整成員的比例，以期盡量符合國民人口的結構。

同時在公民議會開會期間，還請專家進行授課、講習。議會參加者以習得的知識為基礎進行討論，最後才以投票的方式取得決議[39]。

值得注意的是，二〇二〇年六月二十一日，法國公民議會向當時環境部長博爾內（Elisabeth Borne）提出的會議結果。抽籤選出的一百五十位市民代表，提出了大約一百五十個有關防止氣候變遷的提案，其中包括從二〇二五年起禁止設立新的機場、廢止國內航線、禁止汽車廣告、以及徵收富人稅作為氣候變遷對策的經費等等。不僅如此，公民議會還要求針對在憲法裡明文記載氣候變遷對策、明定「環境破壞罪」等議題，進行全國公民投票。

法國公民議會的提案能出現如此直搗問題核心的內容，和法國的民主主義發生了根本的變化，有密不可分的關係。而我想強調的是，帶來這個變化的，正是社會運動。

經常有人用「沒有提出具體的要求」這一點，來批評「黃背心運動」或「反抗滅絕」運動。但是這樣的批評並不公允。他們要求的是由公民直接參與的、更為民主的政治，而這個要求以公民議會的型態實現了，更透過公民議會，形成了具體的政策提案。

如果當時這些運動提出的，只是針對議題的具體要求，那麼雖然他們的要求或許會某種程度反映在政府的政策上，但應該就無法像現在我們所看到的那樣，為議會民主制度帶來全新的氣象吧。這一次法國公民議會的大膽嘗試，為我們證明了一件事：社會運動有能力在不陷入「氣候毛澤東主義」的狀況下，革新民主政治，並且運用國家的力量。

## ◆被資本「收編」而失去氣力的我們

儘管還有許多改變政治的可能性——比如公民議會等等——對大多數的人來說，說不定巴斯塔尼的主張比較具有吸引力。因為，把未來交付給政治菁英與技術專家去處理，顯然要輕鬆許多。如果巴斯塔尼的看法是正確的，我們就可以輕鬆地在SNS上和朋友們聊天，在Netflix上看電影。只要時候到了去投票，就可以擁有理想的社會；不論是高額的學貸、就業的不安定、氣候變遷的影響，都不需要擔心。

巴斯塔尼不要求我們改變任何我們的「帝國生活模式」。只要去投票，我們就可以繼續過跟目前一樣的生活——繼續每兩年換一次新的iPhone、享受ZARA或H&M的快時尚、吃麥當勞的漢堡，都沒有關係。說得極端一點，巴斯塔尼的「奢華共產主義」，甚至會認同坐著私人噴射機、吃遍全世界米其林星級餐廳，也是個人的自由吧！因為巴斯塔尼認為，只要發展新的技術，不論是資源的有限或地球環境的極限等問題，都不用在意。

透過這個例子我們馬上能明白，巴斯塔尼的「奢華共產主義」很容易就轉化為消費主義意義下的「豐裕」概念。也就是說，雖然巴斯塔尼的主張乍看之下是激進的，事實上只不過是換了包裝的矽谷型資本主義。

簡單來說，巴斯塔尼雖然批判資本主義，但事實上他最喜歡的就是資本主義。然而，他的加速主義還是有很多追隨者。

原因就是，生活在先進國家的我們，已經變得前所未有地「無力」。無力的我們，在無意識中覺得自己沒有資本主義就活不下去。因此，就連應該要提出對策的左派，也越來越缺乏想像力。

當今的人類獲得了前所未有的、支配自然的技術，影響力遍及整體地球。然而同時，我們面對自然力量時的「無力」，也是前所未有的。

這個情況，即使是對具有高度環境意識的人來說，也是一樣的。就算是重視自然與健康而選擇有機食品的人，大多數恐怕也只能吃超市裡包得漂漂亮亮、排得整整齊齊的「商品」，不管是鮭魚也好、雞肉也好。

絕大部分的我們，已經沒有自己飼養動物、釣魚，也沒有宰殺它們的能力。但就在不久的從前，人們連飼養動物與釣魚的器具，都是自己親手製作的。和從前的人比起來，我們已經完全被吸收、納入資本主義體制裡；作為生物，我們是無能的。若不經由商品的力量媒介，我們根本無法生存。我們已經失去和自然一起生存的技術[40]。

所以，我們除了對周邊地區進行掠奪，都市的生活是無法成立的。

曾經流行一時的「樂活」（Lohas）也沒有打算克服這個無力的狀態，只是試圖以消費方式的改變來追求持續可能性，結果是失敗的。因為消費者意識這個層面的變化，簡簡單單就可以被持續以成長為目標的商品經濟吞噬納入。

馬克思使用「含攝」（subsumption）這個概念——以日常語言來說，就是「收編」——來稱呼這種被吞噬納入的狀況。我們的生活為資本所「收編」，而變得無力。巴斯塔尼理論的極限與根源和「樂活」是一樣的，它們都無法免於資本的「收編」。

## ◆從資本的收編走向專制

因為完全被資本「收編」，我們被剝奪了技術與自主性，如果不依賴商品與貨幣的力量，甚至連活下去都沒有辦法。同時因為太過於習慣商品經濟下的舒適生活，我們無法想像其他可能的世界樣貌。

借用美國馬克思主義者哈里・布雷弗曼（Harry Braverman, 1920-1976）的話來說，社會全體被資本所收編的結果，「構想」與「實行」的統一遭到解體。這是怎麼回事？讓我們簡單說明。

原本在人類的勞動裡，「構想」與「實行」是統一在一起的。舉例來說，木匠在腦子裡構想一張椅子，並且使用鑿子、刨刀等工具實現自己的構想。在這樣的勞動方式裡，一連串過程中的「構想」與「實行」都是統一的。

然而，資本可不喜歡這種狀況。如果生產必須仰賴工匠的技術與洞察力，就不得不配合他們的作業速度與勞動時間，也無法提高生產力。如果使用強迫的手段，自尊心強烈的工匠們心情不好，說不定就辭職不幹了。

於是資本仔細地觀察工匠們的工作方式，細分各項工序，測量各個程序所需的作業時間，以更具效率的方式，重新安排工廠的分工。這樣一來，工匠們只好投降。因為，工作的流程化為許多單純作業的集合體，而每項作業都不需要特殊的技能或知識，任何人都能勝任。這樣的分工使整體的生產速度比個別的工匠還要快，產品卻可以具有相同、甚至更高的品質。

這麼做的結果，造成工匠的沒落。另一方面，「構想」的能力為資本所獨佔。取代工匠而受僱的勞動者們，只是單純地「實行」資本的命令。「構想」與「實行」就此分離[41]。

因為作業方式的效率化，整體社會的生產力顯著上升。但是，一位一位個人的生產能力卻越來越低落。現代的勞動者已經無法像過去的工匠那樣，單獨完成一件作品。如今，負責組裝電視與電腦的人，並不知道電視或電腦運作的原理。

現在的勞動者們，除了為資本工作，已經無法實現自身的勞動。自主性遭到剝奪的勞動者成為機械的「附屬品」，失去了「構想」這種主體性的能力。

勞動者越是失去主體性的能力，資本的支配力就越大。透過「收編」與勞動過程的重新安排，完成了「資本的專制」。

現代資本的收編力，超越了勞動過程而擴張到各式各樣的領域。結果，儘管整體社會在生產力方面已有了長足的進步，我們卻無法「構想」未來。我們被迫依賴、服從資本，而且越來越徹底。我們唯一能做的事，就是「實行」資本的命令。

## ◆技術與權力

認識到「資本的專制」的形成過程，我們應該就能了解巴斯塔尼的加速主義真正的危險性了吧！如果一味地追求新技術的加速發展，只會讓「構想」與「實行」的分離越來越嚴重，而更加強化「資本的專制」而已。

這樣一來，構想並決定如何使用哪一種技術的權力，將完全落入極少數獨佔知識的專家與政治家手中。資本只要籠絡這些人就好。就算新的技術可以解決各種問題，這種「由上而下」、單向的權力體系，也極可能讓所採用的解決方案，偏向少部分人的利益。

讓我們以「地理工程學」（Geoengineering，又稱 Climate engineering）為例，來思考這個問題。近年來因為其對抗氣候變遷的可能性，「地理工程學」這項技術受到了世人的矚目。

地理工程學有許多種類，其共同的特徵，是試圖藉由介入地球系統本身，來操作氣候。地理工程學家提出了各式各樣的構想。舉例來說，在大氣的平流層注入硫酸鹽微粒，降低陽光的入射率以冷卻地球；在太空中設置反光裝置，以降低太陽的輻射；在海洋中散佈鐵質、讓海水變得肥沃，促使浮游植物大量增生以促進光合作用等等。提出「人類世」這個概念的保羅．克魯岑，也提議檢討地理工程學的可能性。地理工程學正可說是象徵「人類世」的計畫。

但是，大量散佈的硫酸鹽與鐵質，將對氣候與海洋系統造成什麼樣的影響？對生態系統與人類生活帶來什麼樣的副作用？這裡面有太多未知的部分。酸雨與大氣污染的問題會更加嚴重，而水質污染與土壤污染也很可能對農業與漁業產生巨大影響。如果降雨的模式改變，特地地區的狀況說不定會進一步惡化。

但是對於這些問題，專家們應該會嚴密計算，讓受害發生在亞洲或非洲，而不是美國或歐洲吧！將負擔轉嫁到外部，繼續加深物質代謝循環的斷裂，這是資本主義既定的劇本。

在這種情況下，我們還能夠希望寄託在由少數政治家與資本結盟的「由上而下」型社會嗎？

## ◆安德烈・高茲的技術論

如果像這樣譴責加速主義，或許馬上會招致來自各方的批判吧——說這是否定資本主義的生產力與技術發展，是對野蠻原始生活的讚美。但是，晚年馬克思的主張，也並不是捨棄科學、回歸農耕共同體的傳統習慣。

確實正如第四章所述，晚年的馬克思否定進步史觀，並且給予前資本主義共同體重視傳統的穩定型經濟正面的評價。然而，這並不表示他拒絕科學或科技。生產者運用自然科學，以「合理的方式規劃」人類與自然的物質代謝，這始終是馬克思追求的目標[42]。

「人類應不應該捨棄科學？」這種二選一的極端的思考方式，原本就沒有太大的意義。今後我們仍然需要繼續發展再生能源與通訊技術，這是顯而易見的事實。

關於這個問題，法國的馬克思主義者安德烈・高茲（André Gorz, 1923-2007）最晚年的論述與思考非常縝密細膩，值得我們注意。

首先，高茲明確地指出在資本主義底下技術發展之危險性。高茲認為，把一切放任給專家決定的生產力至上主義，最終將導致對民主的否定，成為「政治與近代的否定」[43]。

高茲還進一步表示，為了避開生產力至上主義的危險，重要的是分清楚「開放性的技術」與「封閉性的技術」的區別。所謂「開放性的技術」，是指「促進溝通、合作、與他者交流」的技術。相對地，「封閉性的技術」則是阻斷人與人的聯繫，「將使用者奴隸化」、「獨佔產品與服務的供給」的技術[44]。

舉例來說，核能發電就是就是一種代表性的「封閉性的技術」。有很長一段時間，核能發電被視為一種「綠色能源」。然而因為安全問題的考量，核能電廠被隔絕在一般人可觸及的範圍之外，有關核能發電的一切資訊，也都被當作機密來管理。這使得核能發電的技術從本質上就具有隱匿的性質，也因此容易招致重大的事故。

核能不可能以民主的方式來管理。因為其性質，「封閉性的技術」不適合以民主的方式管理，而需要中央集權式的、由上而下的政治型態。技術與政治是息息相關的。特定的技術，會與特定的政治型態結合。

以氣候變遷的脈絡來說，地理工程學與負排碳技術（ＮＥＴ）當然都是否定民主的「封閉性的技術」。

## ◆「封閉性的技術」不適合用來解決全球性的危機

地理工程學的做法，會為地球整體帶來不可逆的、大規模的變化。因此，我們不應該一味地追求經濟成長，導致最後不得不仰賴地理工程學，來阻止地球的毀滅。在那之前，我們必須停下腳步仔細想想，這樣真的好嗎？難道沒有更符合民主精神的解決方案嗎？

然而，當危機變得越來越嚴重，人們將失去思考的餘裕，唯一的目標只剩下生存。到那時候，一切都太遲了。就算強勢的領導人極度限制國民的自由，只要能保存自己的性命，民眾還是會接受這樣的體制吧！等在我們前方的，將會是以本國國民為優先的國族主義，以及非民主的強權體制與氣候毛澤東主義。

但是，氣候危機是真正全球性的危機。一般的公害可以轉嫁到周邊地區的國家，但氣候危機不同；即使是先進國家，也無法逃脫氣候危機所帶來的破壞性結果。為了避免最糟的狀態發生，全體人類是否能團結合作？這是我們所面對的試煉。

正因為如此，在這面對考驗的時刻，類似地理工程學與負排碳技術那樣，以先進國家為優先、犧牲「外部」民眾的「封閉性的技術」，並非適當的選項。

## ◆被技術奪走的想像力

關於技術，還有更深的問題。放眼望去，全世界充斥著這樣的看法——新技術的發明，將為我們帶來想像未及的美好未來。甚至因此有技術「革命」的說法。同時為了開發「有用的」技術，各國政府投入越來越多的稅金與勞動力（相反地，人文學科被視為「無用」的學科，預算不斷被刪減）。

環保現代主義下的地理工程學與負排碳等等，乍看令人目眩神迷的技術，許諾我們的是什麼？——維持現狀、繼續燃燒化石燃料的生活。然而，這些夢幻般的技術所描繪的壯闊願景，卻隱蔽了真正的問題——繼續維持現狀是不可能、不合理的。在這種情況下，技術本身成了一種意識形態，目的是隱藏現存體系的不合理。

換句話說，在這面對危機的時刻，技術卻壓抑、排除了我們創造其他生活方式、建構零碳社會的可能性。

危機原本應該是促使我們思考的契機，讓我們反省人類過去以來的行為，並且想像一個不同的未來。但是專家們獨佔的技術，卻剝奪了我們的想像力、構想力。事實上，關於氣候變遷的問題，認為技術將為我們解決問題的人不在少數，不是嗎？

所以，想像力的匱乏之所以瀰漫當今的社會，技術這種「意識形態」正可以說是原因之一。我們若是要描繪另一種可能的社會，就必須反抗資本的收編，取回我們的想像力。馬克思的「棄成長共產主義」，正是這方面想像力的泉源。

## ◆思考其他型態的豐裕

為什麼我要花這麼長的篇幅，來討論巴斯塔尼的加速主義呢？因為其主張所暴露出來的問題，正可以明確顯示出我們所面對的課題。我們若是要重新獲取想像力，就必須越過「封閉性的技術」，不要被GAFA（Google, Amazon, Facebook, Apple）這樣的大企業控制、支配，尋找其他的道路。

首先我們需要的是「開放性的技術」。我們必須克制自己，不要受到「封閉性的技術」所帶來的「由上而下」型政治的誘惑。我們必須尋找能夠讓人們發展自治管理能力的技術可能性。

巴斯塔尼至少說對了一件事。他說，「豐裕」的概念對資本主義來說是危險的；相反地，卻會成為共產主義成功的關鍵。市場的價格機制以稀有性為基礎，「豐裕」將可以擾亂這樣的價格機制。

但是，我們如果真的要挑戰資本主義，就必須用不同於資本主義、消費主義的方式，重新定義「豐裕」的概念。我們不能繼續目前的生活方式，將未來全部賭在指數函數式的技術發展之可能性。我們應該改變生活本身，在其中找到新的「豐裕」。也就是說，我們不能再讓經濟成長與豐裕結合在一起，應該要認真思考如何讓棄成長與豐裕配對。

讓我們追求新的豐裕，並且冷靜地觀看現實吧！我們馬上就能發現，世界上為了經濟成長而反覆進行的種種「結構改革」，所帶來的卻是日益瀰漫的經濟差距、貧困與緊縮。事實上，全世界最富裕的二十六位資本家所獨佔的資產，和處於貧困狀態的三十八億人（約佔世界人口的一半）的總資產是相當的[45]。

這樣的情況是偶然發生的嗎？絕對不是。稀有性正來自資本主義。我們一般認為，資本主義為人類帶來豐裕的生活，但事實上正好相反。

稀有性與豐裕。下一章，就讓我們和馬克思一起探討這兩者與資本主義的關係，並且更深一層思考「人類世」的資本。

# 第六章
# 匱乏的資本主義，豐裕的共產主義

## ◆造成匱乏的是資本主義

帶來豐裕生活的是資本主義嗎？還是共產主義？大多數人不假思索，立刻就會回答是資本主義吧！資本主義帶來人類史上前所未見的技術發展，帶來物質豐裕的社會——大多數人都抱持這樣的想法，而且從某個面向來說，也的確是如此。

然而，現實並非如此單純。相反地，我們應該如此自問——對於九九%的我們來說，造成匱乏的難道不是資本主義嗎？資本主義越是發展，我們就越貧窮，難道不是嗎？

資本主義造成的匱乏，最典型的例子是土地。這件事只要看看紐約或倫敦的情形，就能明白。小小一間公寓的售價，動輒數億日圓；每月租金數十萬日圓，是稀鬆平常的事。稍微大一點的公寓，要價數百萬日圓也不足為奇。人們買賣這些不動產的目的不是為了居住，而是當作投機的對象。這些投機、投資用的不動產不斷增加，很多是完全沒有人居住的。

另一方面，很多人因為付不起房租而被趕出長年居住的房子，露宿街頭的人越來越多。儘管有這麼多房子只是被拿來投機、實際上沒有任何人使用、居住，街頭卻有那麼多無家可歸的人，從社會公平的觀點來看，是一件醜陋不堪的事。

即使是相對富裕的中產階級，想住在曼哈頓地區也是難如登天。光為了付房租，就必須工作到過勞死的程度。還有，個人業主想要在紐約或倫敦的中心區域設置辦公室或開店，更幾乎是不可能的事。這樣的機會，只開放給大資本。

究竟這樣的情形，可以稱為「豐裕」嗎？對大多數人來說，這是匱乏吧。沒錯，資本主義是不斷產生匱乏的體系。

另一方面——和一般人所以為的相反——共產主義卻能逐漸為社會創造出某種豐裕。

舉例來說，如果我們禁止以投資為目的的土地買賣，使得土地的價格降至目前的一半、甚至三分之一，事情會變得如何？土地的價格，原本就是人為訂定的。不論價格如何降低，土地的「使用價值」（實用性）也不會有任何變化。但是，人們不再需要為了住在這樣的土地上而超時間工作。光是這一點，就可以回復人們的「豐裕」。

資本主義造成的稀有性，與共產主義帶來的豐裕——要說明這兩者的關係，終究還是要尋求馬克思的協助。《資本論》第一卷關於「原始積累」的論述，能帶給我們發人深省的洞察。讓我們趕快來看看。

## ◆「原始積累」擴大人為的稀有性

「原始積累」這個概念，通常指的是十六世紀與十八世紀英國發生的「圈地運動」（enclosure）。那個時候，農民被強制趕出原本是共同管理的農地。

資本為什麼要「圈地」？當然是為了利潤。資本進行圈地運動，是為了將農地轉為利潤率更高的牧羊地，或是改採類似「諾福克四區輪作制」那種資本高度集中的農業經營方式。

因為以暴力方式進行的圈地運動，農民同時失去了住所與生產工具。為了找尋工作，他們大量流入都市，成為僱傭勞動者[1]。圈地運動為資本主義的起飛，提供了必要的準備。

透過這樣的歷史陳述，馬克思提出了他對「原始積累」的考察。但是，過去人們經常把這部分理解為鮮血淋漓的資本主義「前史」。然而，用這個方式理解，無法掌握到馬克思「原始積累」論真正的意義；那是他對資本主義的批判。

馬克思「原始積累」論真正的意義，在於他從「豐裕」與「稀有性」的觀點，重新審視這個圈地運動的過程。馬克思認為，所謂的「原始積累」，指的是資本將「common」

（公共財）解體，並逐漸擴大「人為稀有性」的過程。也就是說，資本主義從其發端到現在，就靠著讓人們的生活日益貧困而成長至今。

首先讓我們回溯歷史，以詳細說明這個過程的組成。

## ◆Commons（公地）的解體讓資本主義起飛

我們在第四章談論日耳曼民族與俄羅斯的農耕共同體的時候，也曾經提及前資本主義社會的土地制度。在前資本主義時代，共同體成員共同管理共有地，一起勞動、一起生活。即使在共同體因為戰爭與市場社會的發展而解體之後，也仍然保留部分土地共同利用的制度，稱為「入會地」或「開放耕地」。

土地是最原始、最基本的生產手段。過去曾經有過那樣的時代，土地不是個人可以自由買賣的私有物，而是由全體社會共同管理的東西。因此，像入會地那樣的共有地，在英國稱為「Commons」（公地）。人們在共有地上，適度地採集果實、柴薪、魚、野鳥、蕈菇類等等生活必需的物資。相傳古時候的人，也利用森林中採集到的橡實，來豢養家畜。

然而，土地共有制度的存在，和資本主義是互不相容的。如果生活上的必需品大家都可以自給自足，那麼市場上的商品就賣不掉了；因為在這種情況下，誰也不需要特地去購買商品。

因此，資本必須徹底破壞共有地（Commons）的制度，將土地轉變為排他性的私有財產。

結果是極其悲慘的。人們被趕出長年生活的土地，生活手段也遭到剝奪。資本更趕盡殺絕，過去理所當然的採集活動，如今變成非法入侵、竊盜等犯罪行為。而因為共同管理的制度遭到破壞，土地荒蕪，農耕與畜牧都衰退，新鮮的蔬菜或魚肉都不再可得。

另一方面，失去生活手段的人們大多流向都市，被迫成為僱傭勞動者。因為薪資過低，也無法如願讓子女就學，全家人都必須拼命工作。儘管如此，仍然無法購買高價的肉或蔬菜。食材的品質降低，能買到的種類也越來越少。因為既沒有時間、也沒有錢，傳統的食譜與料理方式失去了用處，每天不是吃水煮的馬鈴薯，就是烤來吃。生活品質明顯下降。

但是從資本的角度看這件事，看到的樣貌是不同的。資本主義的社會，是人人都可以在市場上自由買賣任何物品的社會。被驅逐出土地的人們，失去了生存的手段，不得不出售自己的勞動力以換取貨幣，再到市場上購買生活所需的物品。一旦如此，商品經濟就可以勢如破竹地發展。這麼一來，讓資本主義得以起飛的各種條件，都已齊備。

## ◆從水力這種「common」（公共財）轉向獨佔的化石資本

不只是土地。為了讓資本主義展翅高飛，將人們從原本共有的河川拔除、剝離，也很重要。河川提供人們的，不只是飲水和魚蝦。河水同時也是豐富的、永續的、而且是無償的能源來源。

英國的產業革命，與煤炭這種化石燃料密不可分，而這和當今的氣候危機是直接相關的。以這件事為背景來思考水力的無償性，非常有趣。

換句話說，產業革命為什麼排除了有豐富蘊藏、而且無償的水力，而採用有價的煤炭作為能源的來源？這恐怕還是和稀有性的問題脫不了干係。煤炭這種資源只存在於特定的場所，因此是可以獨佔的；這一點對資本主義的崛起來說，是不可或缺的因素。

為什麼人類捨棄了水力？馬克思主義歷史學家安德雷亞斯・馬肋姆（Andreas Malm，1977～）的《化石資本》(*Fossil Capital*)，從資本主義的關聯來說明這一點。關於技術發展的歷史，一般的論述大多以「馬爾薩斯主義」式的解釋為基礎。也就是說，經濟規模的發展引起資源供給的不足；供給不足造成價格的上漲；價格的上漲成為人們尋找、發明新的廉價替代品的動機。這是馬爾薩斯之流的說明方式。

然而如前所述，自然中原本就蘊藏豐富的水力；那是完全可持續使用、廉價的動力來源。同時，它也是可以共同管理的「公共財」。那麼，為什麼人類所使用的主要能源，會從無償、豐富的水力，轉移到有價、稀有的煤炭？馬爾薩斯的理論無法說明這一點。

馬肋姆認為，唯有考慮到「資本」的問題，才能說明這個「轉移」。當時的企業採用化石燃料，不只是把它當作一種能量的來源，同時還以它作為「化石資本」。

煤炭與石油和河川的水不同，它們是可以運送的。更重要的是，它們是可以排他性獨佔的能源。這種「自然的」屬性對資本來說，具有有利的「社會性」意義。

如果動力來源從水車轉變為蒸汽機，工廠就可以從河川沿岸遷移到都市地區。河岸地帶勞動力稀少；相對於資本，勞動者處於優勢。但如果把工廠遷移到都市地區（都市地區充滿了渴望工作的勞動者），資本就可以取得優勢，問題可以得到解決。

在都市裡，資本完全獨佔稀有的能源，並且以之為基礎，將生產組織化。透過這個過程，資本與勞動者的勢力關係，一口氣顛倒了過來[2]。煤炭是一種本質上的「封閉性的技術」。

結果，「水力」這種可以永續的能源遭到邊緣化。煤炭成為主力後雖然提升了生產力，但是卻造成市區的空氣污染，而勞動者被迫過度工作。而且從那時候開始，化石燃料所排放的二氧化碳，就只有不斷增加一途。

## ◆「Commons」（公共財）曾經是豐裕的

重要的一點是，在原始積累開始之前，土地與水這些「Commons」（公共財）曾經是豐裕的。只要是共同體的成員，任何人都可以根據他的需要，無償使用。

當然，雖說任何人都可以使用，但也不是任性隨意，還是必須遵守一定的社會規範；對於違反規範的人，也有相應的罰則規定。不過，只要遵守規矩，那是開放給所有人的、無償的公共財。

而且，正因為是共用的財產，人們會適度地取用；同時因為生產的目的並不是獲取利潤，所以對自然也沒有過度的人為介入，而是與自然共存。我們在第四章所看到的、瑪爾克共同體的持續可能性，在原始積累開始之前的英國，也曾經存在過。

然而，圈地運動之後的私有制，破壞了人與自然之間這種可持續的、豐裕的關係。過去可以無償使用的土地，如今若是不支付一定的使用費（rent＝地租）就無法使用。原始積累將豐裕的Commons（公共財）解體，以人為的方式製造出稀有性。

過去的共有地，如今成為私有地。在私有制之下，一旦用貨幣取得土地，地主就可以任意使用土地，不受任何人約束管制。一切都是土地所有者的自由。因為這樣的自由，不論其他大多數人的生活如何惡化，土地變得如何貧瘠，水質如何受到污染，任何人都無法阻止土地所有者的任性妄為。

正因為如此，被排除在外的人們，生活的品質變得極度低劣。

## ◆私財減少公富

事實上，十九世紀時就已經有人討論這個矛盾。十九世紀初活躍的政治家、經濟學家羅德岱爾伯爵（James Maitland Lauderdale, 1759-1839）在他的《公共財富之本質與起源》（*Inquiry into the Nature and Origin of Public Wealth*）一書中，就談論了這個問題。

因此，現在這個矛盾被稱為「羅德岱爾的悖論」。如果要把它的內容要約為一句話，那就是「私財（private riches）的增加，來自公富（public wealth）的減少」[3]。

這裡所說的「公富」，指的是「提供給所有人的財富」。羅德岱爾為它下了這樣的定義：「人因為對自己有用、或者能為自己帶來快樂，而欲求的一切事物」。

另一方面，「私財」則是「只屬於我個人的財富」。羅德岱爾給它的定義是：「人因為對自己有用、或者能為自己帶來快樂，而欲求的一切事物，但伴隨著一定程度的稀有性」[4]。

簡單來說，「公富」與「私財」的不同，在於它是否具有「稀有性」。

「公富」是提供給所有人的公共財，和稀有性是無緣的。然而，若是不提高稀有性，「私財」是不可能增加的。意思是，「私財」的增加，是透過破壞大多數人所需的「公富」、刻意讓它變得稀有而達成的。也就是說，稀有性的提高導致「私財」的增加。

或許我們一時之間很難想像，「犧牲他人以中飽私囊」的行為如此堂而皇之地被正當化，但那就是羅德岱爾親眼目睹的情形。不——這正是資本主義的本質。而且，這個問題一直持續到現在。

舉例來說，「水有豐富的蘊藏」是人人都希望、也都需要的事。而且在這種狀態下，水是免費的。這正是「公富」的理想狀態。

另一方面，如果有人能以某種方式創造出水的稀有性，就可以將它商品化，為它訂定價格。人人都可以自由運用的、無償的「公富」消失了；但是將水裝在寶特瓶裡販賣，就可以賺錢，「私財」因此增加。透過這種方式，以貨幣計量的「國富」也會增加。

亞當．斯密（Adam Smith, 1723-1790）認為，「私財」的總和就是「國富」。而前述羅德岱爾的主張，則可以直接視為對亞當．斯密的批判。

也就是說，依照羅德岱爾的主張，「私財」的擴大雖然能增加以貨幣計量的「國富」，但是真正屬於國民的財富——「公富」＝Commons——卻因而減少。而且，國民失去使用生活必需品的權利，日益貧困。雖然「國富」增加，國民的生活反而變得匱乏。換句話說，羅德岱爾和亞當．斯密的看法相反，他認為真正的豐裕來自「公富」

的擴大與增加。

羅德代爾還舉出其他許多例子。比方當菸草的收穫量過高的時候，資本會刻意燒毀收穫物；有時候為了減少葡萄酒的生產量，會訂定法律禁止葡萄園耕作。資本以這個方式，製造出菸草與葡萄酒的稀有性[5]。照理來說，豐收原本是一件值得高興的事；但因為供給過剩會造成價格下跌，資本為了維持商品的價格，反而會刻意毀棄作物與產品。

豐裕的程度降低，稀有性增加。這正是「羅德代爾的悖論」——「私財」的增加，來自「公富」的減少。

## ◆「價值」與「使用價值」的對立

只不過，羅德代爾本身沒有更進一步發展這個悖論裡的概念。倒是馬克思，當他在思考商品的根本矛盾時，所談的可以說就是這「財產」（riches）與「富」（wealth）的矛盾。

以馬克思的用語來說，「富」指的是「使用價值」。所謂的「使用價值」，就是像空氣或水所具有的那樣，可以滿足人們欲求的性質。「使用價值」遠在資本主義形成之前，就已存在。

相反地，「財產」是用貨幣來計算衡量的。那是商品「價值」的總和。「價值」只存在於市場經濟中。

馬克思認為，在資本主義體制下，商品「價值」的邏輯具有支配性的地位。對資本主義的生產來說，增加「價值」是最優先的目標。

結果，「使用價值」被貶低為實現「價值」的手段。在資本主義之前的社會中，「使用價值」的生產、以及透過「使用價值」來滿足人的欲求，曾經是經濟活動的目的；儘管如此，如今它的地位已經被剝奪，為了「價值」的增加而被犧牲、被破壞。馬克思稱呼這種情形為「價值與使用價值的對立」，批判資本主義的不合理。

## ◆不是「公地（公共財）的悲劇」，而是「商品的悲劇」

讓我們再次以水為例。至少在日本，水資源是極為豐富的。水具有所有人為了生存所需要的「使用價值」。所以照理來說，原本水不是任何人的東西，它應該是免費的。但如今，水被裝進寶特瓶裡，以商品的身分流通。變成商品的水，轉化為不支付貨幣就不能使用的稀有財。

自來水事業也是如此。一旦自來水公司民營化，因為企業以提升利益為目的，水費就會上漲，超過維持系統運作所需的最低限度。

也有人認為，水是有限的資源；為水訂定價格，是為了讓人們珍惜水資源的。如果水是免費的，大家都會浪費。這是生態學家加勒特．哈丁（Garrett Hardin, 1915-2003）所提出的，著名的「公地的悲劇」的想法。

但是，如果我們為水制訂價格，水本身就會被當作「資本」來看待，被視為投資的對象，人們會開始想要增加它的價值。這樣一來，會產生一連串的問題。

舉例來說，沒有錢支付水費的貧困家庭，會被停止供水。經營自來水事業的企業，會刻意降低水的供給量以提高價格，試圖獲取更高的利潤。企業也很可能不顧水質劣化的風險，削減人事費與管理維持費。將原本的公共財變成商品的結果，水不再是人人可取得的資源，它的持續可能性與安全性，也將遭到破壞。

水的商品化，讓「價值」增加了，然而人們的生活品質卻因此下降，水的「使用價值」也遭到破壞。水原本是無償、豐富的公共財，因為商品化而轉化為稀有的有償財，卻導致人們生活品質的下降。所以，「公共財的悲劇」這種形容並不恰當，正確的說法是「商品的悲劇」[6]。

## ◆不只是新自由主義的問題

話說回來，馬克思主義地理學家大衛・哈維（David Harvey, 1935-）將原始積累定義為「以掠奪進行的積累」。他主張，資本家階級利用國家的力量，從勞動者階級奪走財富的過程，正是新自由主義的本質。同時哈維還批判，指出馬克思認為「以掠奪進行的積累」僅限於資本主義「原始的階段」這件事，是他思想上的「弱點」[7]。

然而，哈維完全錯過了「原始積累」的重點。其實哈維自己，才是把「掠奪」限定在新自由主義之中。

馬克思絕對沒有把「原始積累」侷限在資本主義的「前史」。馬克思所指出的是這一點：透過將公共財（Commons）解體、創造人為的稀有性，正是「原始積累」的真髓。

「原始積累」是一種本質性的過程，隨著資本主義的發展持續擴張。

再不要多久，新自由主義的緊縮政策說不定會結束。但是，不論是不是新自由主義，只要資本主義繼續運轉，「原始積累」是不會停下來的。而且，資本會透過稀有性的維持與擴大，繼續獲取利潤。這件事對其餘九九%的我們來說，代表永續的匱乏。

## ◆稀有性與趁火打劫型資本主義

讓我們整理一下截至目前為止的討論。所謂的「Commons」（公地、公共財），就是所有人都能享用的「使用價值」。因為它對所有人都有用、是每個人的必需品，所以在過去，共同體禁止任何人以獨佔的方式擁有Commons，並且將它視為公共的財富來管理。那時候，Commons沒有被商品化，也無法為它訂定價格。對人們來說，Commons是無償提供的，而且有豐富的蘊藏。這種狀況對資本來說是不利的。

不過，只要能以某種方法製造出人為的稀有性，市場就可以為任何事物標上價格。沒錯，就像當年英國的「圈地運動」將「公地」解體，製造出土地的稀有性那樣。只要這麼做，土地的所有者就可以徵收地租（使用費）。

不論土地也好、水也好，在原始積累之前與之後，「使用價值」（有用性）都是一樣的。從公共財轉變為私有財，唯一改變的是它們的稀有性。稀有性的增長，提高了它們作為商品的「價值」。

結果，人們失去了使用生活必需品的機會，變得越來越拮据。以貨幣衡量的「價值」增加了，但人們反而變得貧窮。不——更精確的說法是，為了增加「價值」，而有意地犧牲生活的品質。

之所以這麼說，是因為甚至連破壞與浪費的行為，只要能產生稀有性，對資本主義來說都是斂財的良機。破壞與浪費讓原本豐富的事物變得越來越稀少，資本讓價值增長的機會就從中而生。

氣候變遷之所以能成為商機，也是如此。氣候變遷讓水、耕地、居住地變得稀少。一旦稀有性提高，需求就會高於供給，就能提供資本獲取巨大利潤的機會。

這是利用災難的震撼以獲取利益的「氣候變遷震撼主義（Shock Doctrine）」。如果賺錢是唯一的考量，只要能維持稀有性，即使犧牲人們的生活也是「合理的」。

我們現在所面對的「新冠肺炎震撼主義」，同樣屬於趁火打劫型資本主義的類型。

回想一下以下的事實，就可以明白這一點——美國超富階層在二〇二〇年春天增加的資產，超過四五二億美元[8]。

犧牲「使用價值」以提高稀有性，讓私財增加。資本主義的不合理，就表現在這「價值與使用價值的對立」中[9]。

## ◆現代的勞動者有如奴隸

讓我們再多觀察一下，Commons的解體所造成的稀有性。

失去Commons的人們，被迫投身於商品的世界。在商品的世界裡他們首先面對的，就是「貨幣的稀有性」。世界上到處充滿了商品。但是若沒有貨幣，我們什麼都無法購買。只要擁有貨幣，什麼東西都能到手。但是獲得貨幣的方法非常有限，我們總是覺得錢不夠。因此為了生存，我們拼命地追求貨幣。

過去，人們一天只工作幾個小時。取得生活必需品之後，剩下的時間就悠閒地打發。睡睡午覺，或是朋友一起玩耍、聊天[10]。然而如今我們為了獲取貨幣，不得不在他人的命令下長時間工作。時間就是金錢，一分一秒都不容虛擲。時間成了稀有物。

馬克思經常稱呼資本主義底下勞動者的生存方式為「奴隸制」[11]。他們不能有自己的想法，也沒有空閒的時間，只能不斷地工作。以這一點來說，勞動者和奴隸是一樣的。不——有些時候，現代勞動者的處境甚至更惡劣。古代的奴隸，生存是受到保障的。因為要找到替代的奴隸不是件容易的事，所以主人對他們相當珍惜。

相反地在資本主義底下，替代的勞動者要多少有多少。勞動者若是被開除，又找不到新的工作，最終只好餓死。

馬克思稱呼勞動者必須承受的這種不安定為「絕對的貧困」[12]。這句話以極為濃縮的方式表現出一件事實，那就是「資本主義是製造永久的匱乏與稀有性的系統」。以本書的語言來說，「絕對的稀有性」正是貧困的原因。

## ◆負債的權力

幫助資本完成其統治的，還有一種人為產生的稀有性。那就是「負債」所引起的、貨幣稀有性的增長。資本主義不斷刺激、引起我們無限的慾望；在資本主義底下的消費過程中，人們不但沒有變得富裕，反而負債成為普遍的現象。因為負債，人們被迫成為乖順的勞動者，扮演資本主義棋盤上的一只棋子。

最明顯、嚴重的例子，應該算是房屋貸款吧。因為金額龐大，房貸對我們有強大的約束力。背負著三十年鉅額房貸的人，因為還債的義務，不得不越來越延長工作時間。為了償還債務，人們將資本主義的勤勞倫理，內化到自己的性格裡。為了加班費而超時工作；為了升遷，而犧牲與家人相處的時間。

某些情況下，即使夫妻都在上班，收入仍然不足以應付支出，就不得不日夜兼差，做兩份工作。或者為了省錢忍著不吃喜歡的食物，每天以炒豆芽、沒有配料的番茄義大利麵果腹。人生到了這種地步，已經不知道活著是為了什麼。買房子原本應該是為了追求舒適的生活，但債務將人們變成支薪的奴隸，破壞了人們的生活。

無需贅言，勞動者的勤勉，對資本來說是一件好事。另一方面，長時間的勞動也導致原本不必要的產品過度生產，進一步破壞環境。長時間的勞動使人沒有時間從事家事或修理，生活也就越來越依賴商品。

資本就以這個方式，一面製造「人為的稀有性」一面發展。只要「價值與使用價值的對立」繼續存在，不論經濟再怎麼成長，好處也不會均分到社會的所有角落。相反地，人們生活的品質與滿意度，日益降低。這正是我們每天都經驗到的事實。

## ◆品牌化與廣告製造出來的相對稀有性

在消費的層面，也可以看到降低生活品質與滿意度的稀有性。資本將人們推向無止境的勞動，因而得以生產大量的商品。接下來必須做的，就是將人們推向無止境的消費。

讓人們從事無止境消費的方法，就是品牌化。廣告賦予商標與品牌形象特別的意義，促使人們以高於真實價值的價格，購買他們不需要的東西[13]。

品牌化為原本在實質「使用價值」上沒有任何不同的商品，添加了新穎、新奇的感覺；隨處可見、隨手可得的東西搖身一變，成為獨一無二、充滿「魅力」的商品。在這大同小異的商品浮濫充斥的時代，這正是以人為方式製造稀有性的方法。

從稀有性的觀點來看，我們可以說品牌化所製造出來的是「相對稀有性」。大部分人都希望透過差異化，獲得比他人高的社會地位。

舉例來說，如果每個人都擁有法拉利跑車或勞力士手錶，它們的價值就會變得跟鈴木汽車、卡西歐手錶差不多。法拉利所象徵的社會地位，只不過是因為「別人沒有」的稀有性而已。反過來說，不論是勞力士或卡西歐，它們作為手錶的「使用價值」其實沒有任何不同。

然而，這樣的相對稀有性，卻可以帶來無止境的競爭。打開IG，擁有比我們更好的東西的人不計其數。新款上市，可以讓我們剛買的東西立刻「過時」。消費者心中的理想，永遠沒有實現的一天。我們的欲望與感性都在資本的掌控之下，它要我們怎麼變，我們就怎麼變。

於是，人們為了獲得理想的樣貌、為了夢想與憧憬，不停地買東西，為了不斷購買而勞動，賺了錢又繼續消費。這樣的過程是沒完沒了的。商品承諾我們的理想絕對不會實現，也不可以實現；因為只有這樣，人們才會不斷地消費，消費主義社會才能成立。「無法被滿足」的稀有性的感覺，是資本主義的原動力。但是在這種情況下，人是不可能幸福的。

而且，使用在這些無意義的品牌化與廣告上的花費，巨大到驚人。行銷產業是世界第三大產業，僅次於糧食與能源。據統計，一件商品的包裝費用，大約佔該商品價格的一〇％～四〇％；如果是化妝品，包裝的費用更可能高達商品本身製造成本的三倍。為了刺激購買慾，設計精美的包裝經常使用大量的塑膠原料，而且是用後就丟[14]。然而，商品本身的「使用價值」，並不會因此而有任何不同。

難道，我們真的沒有辦法逃出這樣的惡性循環嗎？這樣的惡性循環，正來自稀有性。因此，我們必須抵抗資本主義的人為稀有性，創造豐裕的社會。而那就是馬克思所構思的棄成長共產主義。

## ◆共產主義能為我們重建「common」（公共財）

馬克思認為共產主義是「否定的否定」（請參見第四章第三節）。第一次的否定，是Commons（公地、公共財）被資本解體。共產主義否定這樣的否定，以重建Commons、恢復「最根本的豐裕」為目標。而資本主義則為了自己的利益，製造「人為的稀有性」。正因為如此，「豐裕」正是資本主義的天敵。

恢復豐裕的方法，就是重建「common」。沒錯，能克服資本主義、在二十一世紀實現「最根本的豐裕」的，就是「common」。

如果我們以具體的方式說明「common」與豐裕的關係，或許讀者們比較容易想像這是怎麼一回事。先前我們也曾說過，「common」的重點，就在於人們以自主的、水平的方式，共同管理生產手段。

舉例來說，電力應該是一種「common」。何以這麼說？因為現代人沒有電力是無法生存的。和水一樣，我們必須把電力視為一種應該予以保障的「人權」，不能交由市場處理。如果完全交由市場決定，那麼沒有貨幣的人將不會有使用電力的權利。

話雖如此，不過也不是將電力事業國有化就好。因為一旦電力國有，很難避免引進類似核能發電那樣的封閉性的技術，安全性值得疑慮。另外像火力發電廠，向來經常設置在貧困階級或少數族群居住的地區，空氣的污染對當地居民造成威脅。

相反地，「common」追求的目標，是由全體國民自己管理電力，設計出所有國民都能參加的、永續能源的管理辦法。其實再生能源的普及，就是現有的國民電力與能源合作社的功勞。我們不妨模仿「民營化」的說法，稱之為「『公民』營化」。

## ◆「common」（公共財）的「『公民』營化」

重要的一點是，太陽能與風力和核能或火力發電不同，它們不容易以排他的方式獨佔。太陽能與風力具有豐富的蘊藏——實際上，它們是無限且無償的。因此，不同於燃燒石油或使用鈾的發電方式，任何人都可以用價格相較低廉的方式，興辦並管理太陽能或風力發電。若是依照第五章介紹過的、高茲的分類方式，再生能源是一種「開放性的技術」。

但是，這件事對資本來說是致命傷。能源的來源如果是分散而無法獨佔的——比如像太陽能——就無法製造出稀有性。以結果來說，很難將這樣的能源轉化為貨幣。

這件事將成為資本主義的困境。因為難以製造稀有性，表示賺不到錢。在市場經濟底下，企業對於再生能源一直保持遲疑的態度，這是重要的原因。在這裡也可以看到「資本的稀有性」與「common 的豐裕」之對立。

正因為如此，為了再生能源的普及，「『公民』營化」是不可或缺的。我們要反過來利用再生能源分散型的特性。要構築非營利、適合小規模民主管理的電力網，這是很好的機會。

事實上這種「『公民』營化」，丹麥與德國已經試行一段時間了。近年來，非營利型的國民電力事業，也逐漸在日本普及。不少地區的市民向市議會遊說，透過私募債券或綠色債券募集資金，以各種方式——比方利用廢耕地設置太陽能板——從事地產地消（當地生產、當地消費）的發電事業。福島核災之後，這種例子不斷增加[15]。

一旦能源成為地產地消，市民們支付的電費將成為地方的收入。因為事業的目的不是營利，因此收益可以用來活化地區與社群。這樣一來，市民將更關心為自己的生活帶來改善的「common」，因此也就更積極地參與。

如果能產生這樣的良性循環，地區的環境、經濟、社會將因為相乘效果而日益活化。「common」就將以這樣的方式，讓我們轉移到可以永續的經濟型態。

## ◆勞動者合作社——讓生產手段成為「common」（共有）

「common」不應侷限於電力與水。生產手段（means of production）本身也應該成為「common」。沒有資本家、也沒有股東，由勞動者們共同出資，生產手段（包含設備、工具與原料）由勞動者共同擁有、共同管理，這樣的組織稱為「勞動者合作社（workers cooperative）」。

勞動者合作社是勞動邁向自治、自主的重要一步。合作社成員大家一起出資、經營，以此方式進行勞動。勞動者是經營的主體。要從事什麼樣的工作？實施什麼樣的方針？這些事都由勞動者們互相討論、共同決定。

要做到這一點，生產組織不能是董事長或股東的「私有物」，也不能是「國營企業」，而必須是勞動者本身的「社會性所有物」。

其實這樣的組織，已經有長遠的歷史。馬克思本身對勞動者合作社的嘗試有很高的評價；他曾經說過：「我承認，合作社運動是改造以階級對立為基礎的當代社會的諸多力量之一」。他還說，勞動者合作社運動顯示，將製造匱乏的現代資本主義替換為「自由且平等的生產者之聯合社會」是可能的[16]。他甚至稱呼勞動者合作社為「『可實現的』共產主義」[17]。Cooperative——合作社——以德語來說是「Genossenschaft」，馬克思使用它的形容詞「genossenschaftlich」時，與「association」是同樣的意思[18]。

為什麼？這件事和原始積累有關。原始積累藉由圈地運動，將生產者與生產手段分離，並且製造出稀有性。但合作社不是；合作社運動所追求的，正是透過勞動大眾彼此的聯結、取回生產手段，重新建立「根本的豐裕」。

## ◆透過勞動者合作社使經濟民主化

有趣的是，作為業已衰退的福利國家的替代方案，近年來英國工黨開始重新評價「勞動者合作社」與「社會性所有」的概念[19]。

二十世紀的福利國家以財富的重新分配為目標，並未碰觸到生產關係本身。也就是說，福利國家透過所得稅與法人稅，將企業獲得的利潤，回歸社會全體。

但是在福利國家的制度下，工會為了提升生產力，而接受資本的「收編」。他們希望，與資本合作能增加再分配的總額。這麼做的代價，是減弱了勞動者們的自主性。

與接受資本收編的工會相反，勞動者合作社的目標是改變生產關係本身。勞動者們將民主制度帶進勞動現場，抑制競爭，自行決定關於開發、教育與職務調動等各方面的決策。雖然為了事業的存續，勞動者合作社也追求利益，但是其投資不受市場短期最大利潤與投機活動左右。

重點是「以忠於自我的方式工作」。勞動者合作社希望透過職業訓練與事業的營運促進「社會團結經濟」，逐漸讓經濟回歸地方社會。經由勞動，將投資計畫的重心放在地方的長期繁榮。藉由讓生產領域成為「common」（共有），嘗試讓經濟民主化。

聽起來像是癡人說夢嗎？不見得。勞動者合作社遍佈全世界。西班牙著名的蒙德拉貢企業（Mondragon Corporation）就是勞動者合作社，已經有悠久的歷史，成員超過七萬人以上。即使是日本，照護、育幼、林業、農業、清掃等等領域的勞動者合作社活動，也已經持續將近四十年，規模也超過一萬五千人以上。

甚至連資本主義的大本營——美國，勞動者合作社的發展也令人注目。俄亥俄州克里夫蘭市的「常青合作社（Evergreen Cooperatives）」、紐約州的「水牛城合作社（Buffalo Cooperative Economic Society）」、密西西比州的「傑克森市合作社（Cooperation Jackson）」等等市民組織都以社區的再生為目標，積極自發地處理住宅、能源、糧食、清掃等等問題。

在利潤優先的經濟體系裡，清掃、煮飯、打雜等等基礎工作（essential work）的薪資極低，因此這些工作經常由有色人種的女性擔任，造成共同體的分裂，最終來說，也導致服務品質的低落。這是一種惡性循環。

正因為如此，合作社的目標是將這些基礎工作變成自主的、具有魅力的工作。他們希望藉此改善薪資與工作條件，克服因為人種、階級、性別所造成的分裂，讓共同體有新的生命。

當然，就像馬克思曾經指出的，勞動者合作社只要往外跨出一步，也免不了暴露在資本主義市場的競爭中。這時候勞動者合作社也會開始以降低成本與效率化為優先，重視利潤，最終導致組織型態的改變。儘管如此，為了對抗製造貧困、歧視、不平等的資本主義，為了「不犧牲任何人」，合作社將成為改變整體社會的基礎，這一點是沒有疑問的。

## ◆不同於GDP的「根本的豐裕」

「『公民』營化」的電力網絡與合作社，只不過是一個例子。教育、醫療、無線網路、共享經濟等等、任何我們想像得到的領域，都存在著重新取回「根本的豐裕」的可能性。舉例來說，我們可以讓「優步（uber）」公有化，讓「優步」的平台成為「common」

（公共財）。新冠肺炎的疫苗與治療藥物，也應該成為全世界的「common」（公共財）吧！

透過「common」（共有、共享），人們可以在不依賴市場、也不依賴國家的型態下，以水平的方式共同管理社會的生產活動，並且逐步推廣這樣的管理方式。原本被貨幣限制使用機會的稀有物資與服務，將成為豐裕的事物。簡單來說，「common」（共有、共享）所追求的，是減少人為稀有性的領域，告別消費主義與物質主義，增進「根本的豐裕」。

重點是，「common」（公共財）的管理不一定要依賴國家。水可以由地方自治體管理，電力與農地也可以由公民自行管理。共享經濟可以分別由該應用程式的使用者共同管理，只要透過資訊科技的技術，設置「合作」的平台即可。

商品化的領域將逐漸減少，「根本的豐裕」將因而恢復。在這種狀況下，GDP應該會降低吧。這就是棄成長。

然而，這並不代表人們的生活會變得窮困。相反地，因為實物給付的領域增加，不依賴貨幣的領域擴大，人們將逐漸從永無休止的勞動的壓力中解放出來，也將因此得到更多自由的時間。

因為生活得到安定，人們將有餘力相互扶助，並且從事非消費主義的活動。運動、遠足、園藝等等親近大自然的機會也會增加。他們也會開始有時間彈吉他、畫畫、讀書。自己做飯，和家人一面用餐一面聊天；也會有餘力參與義工或政治活動。雖然人們消費的化石燃料能源減少，但共同體的社會、文化能量，將會日益增長。

比起每天早上塞在擠滿人的電車裡、坐在電腦前吃著超商的便當或泡麵、沒日沒夜長時間工作的生活比起來，這樣的人生要豐富許多。人們不再需要用線上購物或高濃度的酒精飲料，來消除工作的壓力。如果有時間自己做飯和運動，健康狀態也會大幅改善。

我們為了享受經濟成長的好處，太過於拼命工作了。但我們拼命工作，得到最大好處的是資本。就算我們追求豐裕富足，但是在以稀有性為本質的資本主義框架內，讓所有的人都變得豐裕，是不可能的事。

所以，讓我們放棄這個體系吧！讓我們換成「棄成長」吧！具體的方法，就是以「棄成長共產主義」來實現「根本的豐裕」。這樣一來，就算人們的生活不再依賴經濟成長，也會變得更安定與富足。

全世界的財富，集中在一％的超富階層。剩下的九九％的我們，必須糾正這樣的貧富不均，消除人為的稀有性。這樣一來，整個社會不再需要那麼多的勞動時間。而且，大多數人的生活品質將會提升。不僅如此，透過減少多餘的勞動，最終將拯救地球的環境。

## ◆棄成長共產主義所創造的豐裕經濟

這裡面，有一個「典範的改變」（paradigm change）。如同我們在第三章看到的，長期以來許多人批判「棄成長」，說那只不過是清貧的思想。難道為了守護環境，大家都必須忍耐貧窮寒酸的生活嗎？——他們這樣說。

然而他們會有這樣的發言，是因為中毒太深，被資本主義意識形態洗腦，逃不開「經濟成長的詛咒」。因為這意識形態實在太過頑強，讓我們再一次重複幾個重要的論點。

真正迫使我們忍耐貧窮寒酸生活的緊縮體系，是以人為稀有性為獲利依據的資本主義。我們之所以貧困，並不是因為生產量不夠，而是因為資本主義的本質就是稀有性。這就是「價值與使用價值的對立」。

最近新自由主義提出的緊縮政策，以增強人為稀有性這一點來說，完全是為資本主義量身打造的政策。相反地，如果我們要追求豐裕的生活，就必須與「經濟成長」這個價值典範（paradigm）訣別。

提出「根本的豐裕」概念的經濟人類學家傑森．希克爾（Jason Hickel, 1982-）也這麼說：「緊縮政策為了成長而追求稀有性；相對地，『棄成長』為了拋棄成長而追求豐裕[20]」。

我們已經不得不為新自由主義打上休止符了。我們需要的是「反緊縮」。不過，如果只是到處撒錢（提高貨幣供應量），就算能對抗新自由主義，也無法阻止資本主義。為了對抗資本主義的人為稀有性，我們必須回復「common」公共財（共有、共享）的權利，重建「根本的豐裕」。這才是棄成長共產主義所追求的「反緊縮」。

## ◆好的自由與壞的自由

讓我們為資本主義打上休止符，讓「根本的豐裕」復活吧！這樣一來，在前方等待我們的將會是「自由」。經常有人誤解，認為共產主義以「平等」為優先，而犧牲了「自由」。所以，我將在本章的最後，來討論「自由」。

當然，我們一路以來所討論的「根本的豐裕」，要求我們重新定義「自由」的概念。美國型資本主義將造成高度環境負擔的生活方式，視為「自由」的實現；我們必須揮別這樣的價值觀。

的確，人本質上是自由的。就算要破壞自己居住的社會的基礎，選擇自我毀滅的道路，也都是自由的體現。然而這樣的自我毀滅不是「好」的自由，而是「壞」的自由。

為了思考這一點，讓我們引用《資本論》有關自由的一段文字——雖然篇幅有點長。

> 事實上，只有當人們不再因為貧困所迫而勞動，只有當人們不再被迫為了外在的目的而勞動，自由的國度才可能存在。因此，理所當然地，自由的國度存在於物質生產領域的彼岸。（中略）只有當社會化的人們、聯合起來的生產者們，不再受到自己與自然的物質代謝——這是一種盲目的支配力——支配，而是以合理的方式監控自己與自然的物質代謝、由生產者們自己共同管理這樣的物質代謝（中略），

> 這個領域中的自由才可能存在。儘管如此，這裡仍然是受到必然性制約的國度。只有在必然國度的彼岸，當「人」的能力的發展本身被視為目的，真正的自由國度才能成立。話雖如此，真正的自由國度必須以上述的必然國度為基礎，只有在必然國度之上才能開花。勞動日的縮短是根本的條件[21]。

讓我們以馬克思這個論述為基礎來思考。馬克思將「必然國度」與「自由國度」區分開來。所謂「必然國度」，指的是為了生存必須進行的各種生產與消費活動的領域。相對地，「自由國度」並非生存絕對必要的領域，而是符合人性需求的活動領域。舉例來說，藝術、文化、友情、愛情，還有體育等等。

馬克思追求的是這個「自由國度」的擴大。換句話說，「好」的自由能擴充這樣的領域。

然而，這並不表示「必然國度」將會消失。對人類來說，衣、食、住都是不可或缺的；為了衣、食、住的生產活動也絕不會停止。「自由的國度」「只有在必然國度之上，才能開花」。

必須注意的是，在這裡開花的所謂「好」的自由，並不是放縱自己追逐物質、淹沒在個人主義式的消費主義裡。乍看之下，資本主義為我們帶來富裕豐足的生活。然而，我們在資本主義下所追求的，是滿足永無止境的物質欲望。吃到飽的餐廳、換季就丟的衣服、毫無意義的品牌化，這一切都受到「必然國度」的動物性欲求束縛。

相對地，只有免於這樣的物質欲求，馬克思所揭示的「自由國度」才能開始。馬克思認為，人類自由的本質，只存在於團體、文化活動的領域。

因此，為了擴張「自出的國度」，我們必須阻止那只知道追求無限成長的體系，驅使人們長時間勞動、無止境消費的體系，將它解體。就算生產的總量減少，為了幸福、公正、永續的社會，我們應該自發地「自我克制」。不是盲目地提升生產力，而是透過自制來縮小「必然國度」，將導致「自由國度」的擴大[22]。

## ◆自然科學不會告訴我們的事

這樣的自我克制，才是「好」的自由。在這氣候危機的時代，這樣的想法更顯得重要。這一點，想想我們與自然科學的關係，就能明白。

本書在一開頭就指出，人類現在正面對著巨大的分歧點。在這樣的狀況底下，我們需要互相溝通討論：將來想住在什麼樣的世界？為了我們所想望的世界，什麼樣的選擇才是最恰當的？然而，什麼樣的社會才是「自由的國度」？這一點，自然科學並不會告訴我們。

自然科學可以說，「為了將氣溫的上升控制在二℃以下，大氣中的二氧化碳濃度必須控制在四五〇ppm以下」。假使真的超過了這個濃度，自然科學還可以建議我們採用地理工程學或BECCS（Bio-energy with Carbon Capture and Storage，生物能源與碳捕獲和儲存）的技術。

但是，光靠自然科學沒有辦法說明這一點：為什麼「氣溫上升二℃的世界」比「氣溫上升三℃的世界」好？將來的人因為不認識我們現在生活的世界，說不定就算住在「氣溫上升三℃的世界」，還是有可能感到幸福。而且，人感到滿足與否的基準是有彈性的，會隨著被賦予的環境而變動——像第一章開頭提到的諾德豪斯那樣的經濟學家，一定會這樣說吧！

所以，我們希望未來世界的平均氣溫是多少℃？為了這點，我們願意付出多大的犧牲？這是我們自己必須慎重決定的事。這是必須以民主方式解決的問題，不能交給科學家、經濟學家，更不能交給ＡＩ決定。

簡單來說，自然的「極限」並非本來就單獨存在的。所謂自然的極限，終究是我們根據自己所想望的社會形態所設定的，是一種「社會習慣」。極限的設定是政治過程的產物；而這個政治過程，伴隨著經濟、社會、倫理等等各方面的決斷。

所以，設定極限這件事，絕不能安心地交給一小部分的專家或政客。一旦交給他們，他們會披上「科學客觀性」的「偽裝」，偷渡他們自己的利害關係與世界觀，把世界塑造成他們想要的樣子。就像諾德豪斯那樣。他對經濟成長的重視超過對氣候變遷的關心，他的價值觀影響了巴黎協定的數字指標。

## ◆為了未來的自我克制

人們想要住在什麼樣的世界裡？照理說這樣的價值判斷，應該在盡可能聽取未來世代心聲的情況下，以民主方式的仔細討論、辯論而決定。

特別是，氣候變遷是不可逆的。因此，「一個方法失敗了，就用別的方法重新來過」

是行不通的。生物複製與基因組編輯就是如此；一旦玩過頭，不但將改變「人」的定義，而且是無法回頭的。同樣地，像地理工程學這樣的技術，將會以不可逆的方式改變「自然」與「地球」的存在樣貌。結果將大大地毀損未來世代的自主性。

為了避免這樣的事情發生，「不過度介入自然」是非常重要的，因此我們迫切需要「自我克制[23]」。要挑選出哪些不必要的東西，停止生產？那些繼續生產的東西，生產多少數量後就要停下來？生活在先進國家的我們，必須自發性地決定這些事。

然而，「資本的專制」驅使人們從事無限制的消費。在「資本的專制」底下，選擇自我克制的自由極為困難。因為，人們不克制自己，是資本積累與經濟成長的條件之一。

但是，讓我們反向思考吧！只要我們自發性地選擇自我克制，就將成為對抗資本主義的「革命」行為。

放棄無限制的經濟成長，把重點放在所有人的共同繁榮與持續可能性——這樣的自我克制，將擴大「自由的國度」，建立棄成長共產主義的未來。

那麼，為了達到這樣的目標，具體來說我們該做些什麼？我們將在下一章進一步思考這個難題。

# 第七章
# 棄成長共產主義將拯救世界

## ◆新冠肺炎的災禍也是「人類世」的產物

本書主張脫離資本主義，讓世界轉移到棄成長共產主義之必要性。但是，該如何實現棄成長共產主義？棄成長共產主義將以什麼方式解決氣候危機？接下來我們將說明這一點。

只不過在那之前，讓我們先來觀察一件業已發生的「人類世」危機。那就是新冠肺炎的大流行。因為這「百年一度」的大流行病，許多人喪失了性命，對於經濟與社會的打擊之大，也必定會在歷史上留下影響。儘管如此，實際上氣候變遷為全世界帶來的災害，其規模之巨大，將會是新冠肺炎無法比擬的。後世為氣候變遷所苦的人們回想起今日，說不定會覺得新冠肺炎的災禍只不過是一時性的、微不足道的事件。

雖然說兩者災害的規模不同，但作為一個業已發生的危機先例，新冠肺炎的災禍具有觀察思考的價值。因為，不論氣候變遷或新冠肺炎，都是「人類世」內在矛盾的外顯；在這個意義下，它們是共通的。它們都是資本主義的產物。

從剛剛看到現在，我們應該都已經知道氣候變遷是資本主義引起的。以經濟成長為優先，全球規模的開發與破壞，就是氣候變遷的原因。

傳染病的大流行，也有相似的結構。為了滿足先進國家不斷增長的需求，資本侵入大自然深處，破壞森林，經營大規模的農場。過度深入自然環境，問題不只是增加我們與未知病毒接觸的機會而已。與自然複雜的生態系不同，人工開拓的空間——特別是現代單一作物耕作方式所佔有的空間——沒有抑制病毒的能力。於是病毒不斷變異，隨著人與物資的全球化流動，瞬間散佈到全世界。

而且，專家們從以前就開始警告世人傳染病大流行的危險性；就像科學家不斷悲痛地預告，氣候變遷危機的到來一樣。

在對策方面，氣候危機與新冠肺炎也有相似的情形。當人們面對「人命或經濟」的兩難抉擇，總是以「過度的防治會讓景氣低迷」為理由而不斷拖延，不願意及早處理根本的問題。然而，對策越是延遲，之後帶來的經濟損失越大；當然，也會造成許多人命的犧牲。

## ◆被國家犧牲掉的民主

但，並不是只要及早實施對應措施就好。二〇二〇年，中國政府發動國家權力，透過由上而下的強力壓制，抑止了第一波的疫情。他們封鎖都市，限制並監視人民的行動；對於不遵守規定的人，給予嚴厲的處罰。

一開始嘲笑這種這種強權式作法的歐洲各國，一旦疫情蔓延到自己國內，也採取了同樣的措施。各國的國民也覺得事非得已，而紛紛接受。韓國也犧牲個人隱私，運用數位科技來抑止感染的擴大。

這樣的事實深具啟示性。當危機變得越來越嚴重，專家們就會要求國家的強力介入與管制，人民也接受個人的自由受到限制。

讓我們從這樣的事實，再回頭看一次第三章所談論的「未來的四個選項」（圖表九）。

以這張圖來說，美國的川普總統與巴西的波索納洛總統所採取的策略，相當於①的法西斯式統治型態。以資本主義的經濟活動為最優先，更換持反對意見的官員與專家，不顧一切地實行自己的想法。他們毫不掩飾自己的態度與想法——只要那些有能力支付高額醫療費的富人、還有可以透過遠距工作來保護自己的人能夠得救就好。他們自己不知道接受過多少次ＰＣＲ檢測，卻對窮人或社會弱勢者棄而不顧，完全不在乎那些人命運如何。「每個人都要為自己負責」——他們這樣說。

許多巴西的原住民，反對亞馬遜河流域的浮濫開發。因此，當疫情在原住民之間擴散，波索納洛把它當成砍伐森林的好機會，以經濟復甦的理由，撤銷了森林砍伐的管制。這正是典型的「趁火打劫型」資本主義。

相對地，中國與歐洲各國為了全國人民的健康，發動強大的國家權力來對抗新冠肺炎。這相當於③的統治型態。國家以「防止感染擴大」為理由，大幅度限制人民移動與

**圖表九　未來的四個選項**

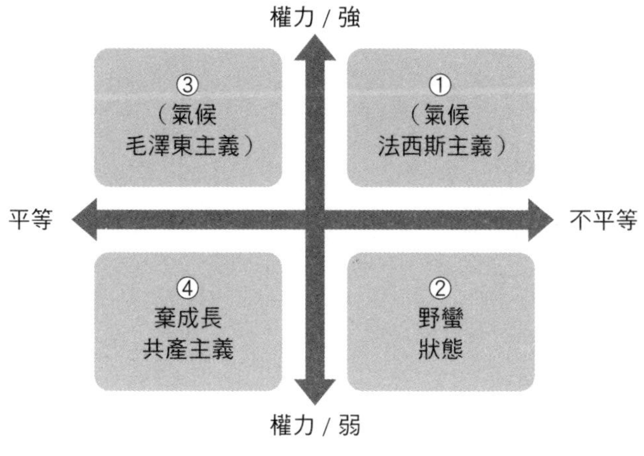

集會的自由。

在香港，「防治新冠肺炎」成了鎮壓民主運動的好藉口。而匈牙利的國會更通過法案，讓政府有權對那些散佈有關新冠肺炎及其對策的「假消息」者，處以五年以下的有期徒刑。

## ◆因為商品化而加深對國家的依賴

但不論那種統治型態，最終來說，在這危機的時代，赤裸裸的國家權力以這樣的方式日益囂張跋扈的可能性非常高。

何以如此？因為一九八〇年以後，新自由主義已經將所有的社會關係商品化，將人與人之間相互扶助的關係，替換為貨幣與商品的關係。而我們則因為已經徹底習慣商品化的人際關係，以至於完全不知道相互扶助的實際做法，失去為他人著想的精神。於是當危機的狀況來臨時，陷入不安的人們不是向鄰人求助，而是倚賴國家。危機越是深刻嚴重、人們越是認為，如果沒有國家的強勢介入，自己的生活將無法繼續下去。

如果人們在面對氣候變遷的時候，也開始要求國家的強勢介入，狀況將變得如何？在國境邊界築起高牆、驅逐環境難民，透過地理工程學、只保護少數人的①「氣候法西斯主義」？還是國家徹底監視企業與個人的二氧化碳排放量、實施嚴厲處罰的③「氣候毛澤東主義」？

不論是哪一種情況，都將成為由政客與技術官僚支配的社會。犧牲掉的，是民主與人權。

## ◆當國家失去機能的時候

不過必須注意的是，以上討論的前提是統治機構還能夠充分發揮機能。然而，一旦危機真的變得嚴重，即使是強大的國家也可能失去機能。事實上新冠肺炎的疫情期間，面對醫療體系的崩潰與經濟的混亂，有許多國家束手無策，什麼事也做不了。面對氣候危機也是如此；最終來說，統治機構很可能失去機能。

一旦如此，人類的社會將瞬間墮入右下角的②野蠻狀態。我們將退回到「所有人對所有人的鬥爭」當中。

這絕非誇大其詞。新冠肺炎疫情期間，策劃反政府內戰的美國激進右翼團體「布加洛」（Boogaloo），就在SNS上公開招募新團員[1]。在密西根州，抗議封鎖的民眾，甚至武裝佔據州議會。

不但如此，在危機發生的瞬間，帝國生活模式將暴露出它的脆弱。實際上，第一波疫情來襲的時候，先進國家的人民都買不到口罩與消毒液。原因是為了實現便宜而舒適的生活，長久以來先進國家的各種生活用品，都是在海外委外製造的。

不僅如此。儘管SARS與MERS的流行是不久前才發生過的事，大部分先進國家的大型製藥廠都不願意進行抗生素或抗病毒藥劑的研究開發，把人力與資金都投注在能賺大錢的項目，比方鎮靜劑或治療陽痿的藥劑上。這種做法，也加深了事態的嚴重性[2]。造成的代價是，先進國家的大都市在面對災害障礙的時候，失去了韌性（復原的能力）。

面臨氣候危機時，糧食方面的災難將變得非常嚴重吧！像日本這種糧食自給率很低、缺乏韌性的國家，將會陷入恐慌。一旦如此，社會將瞬間退回②的野蠻狀態。

## ◆「價值」與「使用價值」的優先順位

以上這些現象，都來自馬克思已經思考過的問題，也就是「價值與使用價值的對立」。以新冠肺炎的流行來說，商品的「使用價值」就是藥物治療疾病的力量，而所謂「價值」，則是人們為藥物（作為商品）所制定的價格。以疫苗與陽痿藥來說，有用的當然是能夠救人性命的疫苗；然而在資本主義底下，比起能不能救人命，能不能賺大錢才是優先考量。就算高價還是能持續大賣的藥，才是重要的。

關於糧食也是如此。資本主義重視的，是能不能高價出售。然而就算生產、出口高價的水蜜桃或葡萄，也無法克服糧食危機。

在重視商品的「價值」、輕視「使用價值」的資本主義底下，這是經常發生的事。在這種狀況下，我們將會陷入野蠻狀態。因此，我們必須告別資本主義，轉型成為重視「使用價值」的社會。

在第三章談到「未來的選項」時，我們說第四選項是未知的「X」；但事實上，如今答案已經很清楚。沒錯，「X」就是「棄成長共產主義」。那才是我們真正必須追求的未來。

## ◆「要選擇共產主義，還是野蠻社會？」

為什麼選擇共產主義？因為如果要避免極右民警團與新納粹、或是黑手黨支配的野蠻狀態，我們需要共同體的自治與相互扶助。我們需要創造出一種民主的方式，由自己確保生活必需品的供應與分配。正因為如此，我們必須為即將到來的危機預作準備，平時就要培養自治與相互扶助的能力。事實上在這次的新冠肺炎災禍中，日本人應該已經學到了一件事──在危急的時候就算依賴政府，政府也沒有能力（或者不願意）幫助我們。

無論如何，面對動搖社會基礎的巨大危機，光是放棄過頭的市場原理主義、由政府介入市場，這種程度的對策是不夠的。也就是說，政府以大規模的財政支出、為重要產業挹注資本的「氣候凱因斯主義」，並不能減少二氧化碳的排放量，無法抑止氣候危機（請參照第二章）。而且，以北歐型福利國家制度加上持續可能性的「棄成長資本主義」，同樣也無法阻止氣候危機。

從長期的觀點來看，不徹底、半吊子的解決方案，是不會發揮作用的。實際上，既有的自由民主主義，是無法對抗右派民粹主義的抬頭的。所以，我們不應該再聽信一般自由左派的言論。

於是，我們不得不這麼說：「要選擇共產主義，還是野蠻社會？」只有這兩個單純的選項。

當然，我們應該選擇「共產主義」。所以，我們應該要克制想要依賴國家或專家的態度，摸索自治管理與相互扶助的道路。

## ◆托瑪．皮凱提（Thomas Piketty, 1971～）「轉向」社會主義

或許還是有人會覺得我的主張太過極端。但是——不要太驚訝——以《二十一世紀資本論》一書成為經濟學界巨星的皮凱提，也採取同樣的立場。

說到皮凱提，一般對他的認識是一位自由左派的經濟學家；他批判當前已經失控的貧富差距，並主張實施加強累進的課稅制度。齊澤克批判皮凱提這種折衷的態度，與史迪格里茲同樣都是「空想主義」[3]（請參照第三章）。的確，如果只從《二十一世紀資本論》的內容來看，齊澤克的看法是正確的。

但是，皮凱提在二〇一九年出版的《資本與意識形態》一書中，已經有了完全不同的主張。皮凱提開始不斷尋求「克服資本主義」；同時他並非提出「溫馴的資本主義」作為對策，而是清楚地要求「參與型社會主義」（socialisme participatif）。

皮凱提這麼說：「我確信，我們不但能克服現存的資本主義體系，同時也能夠為二十一世紀嶄新的參與型社會主義，描繪出輪廓。換句話說，我們可以描繪出新的、普遍主義的、平等主義的未來；這樣的未來，以新型態的社會化所有權，以及教育、知識、權力的共有為根據[4]」。近年來，像他這樣斬釘截鐵的「轉向」社會主義的人，看不到其他的例子。

而且，他沈痛地嘲諷拋棄了勞工階級的社會民主黨、重視富人階級的知識份子，稱呼他們是「婆羅門左派」。他嚴厲地批判自由左派的態度，認為右派民粹主義的抬頭，就是他們縱容出來的。

左派必須回到初衷、再次回想，自己應該面對的，哪些人所受的苦。皮凱提刻意提出「社會主義」的主張，就是為了這一點。

## ◆自治管理與共同管理的重要性

更值得注意的是，皮凱提的提案內容。雖然他在最近的論述中，仍然重視所得稅與遺產稅的徵收，但另一方面他也指出，對氣候變遷問題來說，由國家課徵碳稅的效果是有限的。也就是說，他認為雖然市場原理主義行不通，但光靠國家來徵收租稅也是沒有用的。

面對氣候變遷的問題，皮凱提將關心朝向生產的現場。他認為我們所需要的，是在生產的領域實現「參與型社會主義」。為了實現這一點，必須由勞動者共同擁有企業（所有權的社會化），並且參與經營。

換句話說，皮凱提批判現行企業獨裁的經營方式——由少數大股東，以自身最大的利益分配為考量，來決定企業的經營方針。皮凱提並且指出，由勞動者「自治管理」（autogestion）、「共同管理」（cogestion）自己的生產之重要性[5]。

簡單來說，在思考氣候危機問題之後，皮凱提得到這樣的結論：資本主義是不可能守護民主的。因此，為了守護民主，光是進行財富再分配是不夠的；我們需要「社會主義」，生產的現場需要勞動者的自治。這一點，與本書的立場完全一致。

而且，「參與型社會主義」這個說法也很重要。皮凱提認為「參與型社會主義」的特徵是「自治管理」與「共同管理」，而這兩點對本書所重視的「common」（共有、共享）來說，正是關鍵性的概念[6]。

還有一點——正如皮凱提所強調的，「參與型社會主義」和蘇聯型社會主義是完全不同的。過去的蘇聯，決策權與資訊都由官僚與專家獨佔，根本不可能實行民主的「參與型社會主義」。

相對於獨裁的蘇聯，「參與型社會主義」試圖從草根培養市民自治與相互扶助的能力，讓我們的社會轉型為永續的社會。現在的皮凱提與晚期馬克思的立場，前所未有地接近。

## ◆為了修復物質代謝的斷裂

不過，皮凱提並未明白表示接受棄成長的立場。而且，雖然他提倡「參與型社會主義」，但是他所構想的轉型過程，非常依賴國家權力——由國家徵收租稅。這一點是個問題。越是想要以課稅的方式抑制資本，國家的權力就會越來越大，越來越接近以③（氣候毛澤東主義）為代表的國家社會主義，與馬克思的棄成長共產主義越行越遠。

讓我們回想一下馬克思的物質代謝論。以資本價值無限增生為目的的生產，偏離自然原本的循環過程，最終將在人類與自然之間，造成「不可修復的斷裂」。這是馬克思的看法。

馬克思認為，修復這個斷裂唯一的方法，就是徹底改革勞動的領域，好讓生產合乎自然的循環。

如同我們在第四章所見，勞動是媒介人類與自然的活動。根據《資本論》中的物質代謝論，人類與自然透過勞動連結在一起。正因為如此，為了拯救自然環境，勞動方式的改變具有決定性的重要性。

說得露骨一點——對馬克思來說，不論是改革分配與消費的方式，或是改變政治制度與大眾的價值觀，都只是次要的而已。一般人經常有一個誤解，認為共產主義就是廢除私有制與財產國有化。但事實上，甚至連所有權的型態，都不是根本的問題。

真正重要的，是勞動與生產的改革。從前的「棄成長派」為了與馬克思主義及勞工運動撇清關係，從來不敢談論「勞動」的問題。在這一點上，本書的立場與過去的棄成長派有著決定性的不同。

實際上，舊有的棄成長派總是將焦點放在消費層次的「自制」——節水、節電、不吃肉、購買中古品、物資共享等等。然而，如果只是關注所有權、再分配、以及價值觀的變化，不針對勞動的方式進行根本的改革，是無法對抗資本主義的。

即使在馬克思的時代，也有像普魯東（Pierre-Joshеph Proudhon, 1809-1865）那樣，不碰觸生產問題、只想透過流通的改革來實現社會主義的人。馬克思嚴苛、激烈地批判普魯東。馬克思把焦點放在整體社會的生產與再生產的層次。他堅信，只有生產現場的改革，才能成為改變整體社會體系的動力。

## ◆改革要從勞動與生產現場開始

說不定有人會認為，「重視生產」是馬克思主義陳腐的主張。但稍後我將說明，本書重視生產的理由，和二十世紀的馬克思主義是不同的。同時我希望，向來避諱勞動問題，總是被消費主義、啟蒙主義、政治主義收編的環境運動與棄成長派，能夠接受這種重視生產的觀點。

說得更明白一點，氣候變遷的問題規模實在過於龐大，很容易讓人陷入悲觀的思考。但正因為如此，我們才更需要重新評價馬克思的勞動改革論。

人們在預測氣候危機的未來時，總是變得悲觀。那是因為問題過於巨大，自己一個人改變不了任何事。而那些對狀況具有重大影響力的政治家、官僚、商業精英等等，卻不願意聆聽人們對於氣候危機的擔憂與訴求。所以在政治的層次上，很難期待有什麼立竿見影的改變。於是，人們變得絕望。

然而，如果我們就此絕望而自棄，那麼等在我們前方的，就是「野蠻狀態」。

如果說，現在還有什麼地方，是人人都能以當事者自居，主動進行具體行動的，那就只剩下生產的層次了吧！因此，邁向改革的第一步，只能從這裡開始。

## ◆底特律市撒下的小小種子

撒在生產層次的小小種子們，正逐漸結出果實。讓我們來談一談這個果實的故事。舞台是底特律市。說到底特律，過去曾是通用、福特汽車等等，美國汽車產業的中心地；後來因為汽車產業的衰退，失業者增加、財政也惡化，二〇一三年時負債將近一百五十億美金，市政幾乎要瓦解停擺。整個城市，可以說就像一個資本主義美夢破碎後的廢墟。

街道上不見人影，治安惡化，都市呈現荒廢的狀態。然而，留下來的居民們並沒有放棄，他們從零開始，重新建設他們的都市。

就因為這樣的態度，他們的眼裡開始浮現機會。居民注意到，因為大多數人與企業紛紛離開，地價大幅下滑，於是他們有了嘗試新事物、新作法的餘地。居民所開始的新嘗試之一，就是都市農業。地方上的有志之士與勞動者合作社（workers cooperative），為了讓城市復活，率先在淪為荒地的市區土地上，從事有機農業[7]。

都市農業讓荒廢的街道，逐漸恢復了綠色的風景。但更重要的是，曾經因為治安惡化而關係疏遠的社區成員，再次建立起彼此的聯繫。所栽培的蔬菜在社區的市場販賣，並供應給當地的餐廳使用；這些栽種、販賣、供應的活動，重新建立起居民之間的網絡。當然，吃得到新鮮的蔬菜，也增進了居民的健康。

底特律市民的這個運動，在全世界擴展開來。舉例來說，二〇一九年，丹麥的哥本哈根市決議在市區種植「公共果樹」，所結的果實任何人都可以免費食用[8]。他們希望，將來整個都市會成為一個都市果園（Edible City，可食的都市）。這可說是現代版的「入會地」（公共土地），也可說是「commons（公地）的復興」。在這裡我們可以看到「根本的豐裕」，而那是在資本主義的邏輯下不可能存在的。

在市區內栽種蔬菜、水果，不僅可以供應飢餓的人糧食，更加強了居民對農業以及自然環境的關心。實際上，如果是沾滿汽車廢氣的果實，不會有人想要放到嘴裡吧！於是為了減少空氣污染，他們開始增設自行車道。這是居民對抗汽車社會，讓道路再度成為人人皆可享用的「common」（公共財）的第一步[9]。

就這樣一步一步地，人們逐漸拓寬自己的想像力。過去連想都沒想過的、嶄新的未來，開始在腦中浮現。「如果底特律的糧食全部在當地生產、當地消費呢？」「如果哥本哈根市區內禁止行駛自用汽車呢？」等等。這些非常具體的「如果」（what if……）讓人們克服了想像力的貧困，不再毫無條件地接受既有的秩序，也讓資本的支配出現了裂縫[10]。

馬克思主義批評家詹明信（Fredric Jameson, 1934–）曾經說過一句著名的話：「想像世界末日，比想像資本主義的終結容易[11]」。然而，這些在生產層次播下的種子，卻逐漸生出了希望的果實；而那是在消費的層次不可能出現的。

## ◆以社會運動克服「帝國生產模式」

生產的場所，將會產生共同體。而且——我們在第八章還會再次探討這一點——這樣的共同體，將會不斷擴大其影響範圍；它所擁有的力量，將對整體社會造成巨大衝擊。誕生自勞動的運動所包含的力量，最終來說甚至可能驅動政治的改變。

因此，本書想探討的問題，並不是生活型態層面的「帝國生活模式」，而是讓那種消費方式得以成立的生產模式。也就是說，重要的是克服「帝國生產模式」。為了糾正「帝國生活模式」，我們非得克服「帝國生產模式」不可。

不過在這裡，我們還要重複說一次：「政治主義」的模型——仰賴掌權者一夕之間、由上而下的解決方案——是無法發揮功效的。

當然，政治是仍然必要的。而面對氣候變遷的時間限制時，我們甚至也需要由上而下的對策。然而，政治若是要處理氣候變遷問題，就必須對抗資本。為了實現這樣的政治，來自社會運動的強力支援是不可或缺的。

關於社會運動的重要性，社會學家曼紐・卡斯提爾（Manuel Castells, 1942-）說得一點都沒錯：「如果沒有社會運動，無論如何挑戰，市民社會都不可能產生足以動搖國家制度的影響力[12]」。

如果只是等待，我們永遠等不到足以處理「人類世」危機的政治舉措。然而，本來就不需要等待。讓我們率先行動吧！

## ◆人類世的「資本論」

那麼，我們究竟該怎麼做？終於到了回答這個問題的時候了。

先前已經說過，根據《資本論》的看法，要修復自然與人類之間、物質代謝過程的斷裂，唯一的方法是徹底改革勞動型態，讓生產合乎自然循環。人類與自然，透過勞動的媒介聯結在一起。正因為如此，為了克服環境危機，改變勞動型態的重要性，是決定性的。

只不過，生產與勞動的變化將如何解決氣候危機？上述的說明還不夠充分。為什麼馬克思會認為，在共產主義底下的勞動，可以修復物質代謝的「不可能修復的斷裂」？事實上，這個問題我們無法直接從《資本論》之中找到答案。因此，有些研究者甚至批評，馬克思關於「斷裂」的議論過於悲觀[13]。

關於這一點，解答的關鍵仍然在於晚期馬克思的視點。《資本論》出版之後，馬克思為了尋找修復此一斷裂的方法，努力從事自然科學研究。只有從晚期馬克思的視點重新閱讀《資本論》，才可能說明為什麼棄成長共產主義得以修復「物質代謝的斷裂」。

二十世紀的馬克思主義，並沒有看到晚期馬克思在思想上所到達之處。他們樂觀地認為，一旦社會主義實現，勞動者們將能夠自由自在地操縱技術與科學、超越自然的限制，「物質代謝的斷裂」也可以透過技術來修復。

然而，這種生產力至上主義是錯誤的，而且與晚年馬克思的想法不能相容。從前的馬克思主義，甚至與矽谷資本主義雜交，生出巴斯塔尼這樣的混種。那不是馬克思希望的共產主義。

因此，我們需要從「棄成長共產主義」的立場，重新解讀之前一直無法逃脫進步史觀魔咒的馬克思的《資本論》。本書的第四章，已經為這一點預作準備。也就是說，只有確實了解晚年馬克思研究環境科學、研究共同體的意義，隱藏在《資本論》裡的真正的構想，才能浮現。而他真正的構想，正是現代的我們所需要的武器。

馬克思的構想，可以整理成五個重點。「轉向使用價值經濟」、「縮短勞動時間」、「廢除規格化的分工方式」、「生產過程民主化」，以及「重視基礎工作（essential work）」。

乍看之下，說不定讀者們會認為過去的馬克思主義者，都曾提出過同樣的要求。但只要稍加思索就能立刻明白，它們最終的目的地是完全不同的。

將近一百五十年來，人們一直忽略了馬克思的棄成長思想。因此，雖然是看起來相同的要求，卻從未在讓經濟成長減速的脈絡下，明確地陳述出來。這是第一次，我們要升級《資本論》，讓它符合「人類世」的需求。

重點就在這裡。正因為讓經濟成長減速，棄成長共產主義將促進人類社會朝向永續經濟的轉移。不僅如此，減速對於不加速就無法生存的資本主義來說，正是它的天敵。不斷追求無限利潤的資本主義，不可能配合自然循環的速度從事生產。因此，真正革命性的做法不是「加速主義」（accelerationism）而是「減速主義」（decelerationism）。

接下來讓我們來確認，為了一躍進入棄成長共產主義，我們該做的事情是什麼？

## ◆棄成長共產主義的支柱①——轉向使用價值經濟

轉換為重視「使用價值」的經濟型態，脫離大量生產與大量消費過去的馬克思主義，也一向主張重視「使用價值」。《資本論》裡也明確地這麼寫道。首先讓我們從這一點開始說明。

馬克思區分商品的兩個屬性：「價值」與「使用價值」。我們在本書第六章也已經看過，對以資本積累與經濟成長為目的的資本主義來說，商品的「價值」比較重要。資本主義的第一目的，就是價值的增生。因此終極來說，只要能賣出，資本主義並不在乎它販賣的是什麼。換句話說，「使用價值」（有用性）、商品的品質、環境的負擔，這些事情怎樣都無所謂。而且，一旦賣出以後，即使商品立刻被丟棄也無妨。

但是，從更大的視點來看，這種完全以價值增生為目的的、生產力的擴大，會造成各式各樣的矛盾。舉例來說，透過機械化來降低成本能夠刺激需求，造成商品的大量販賣，但是其過程卻會對環境造成嚴重的破壞。

生產力的擴大，當然能製造出許多各式各樣的物品。但是在只重視商品「價值」的資本主義體系底下，生產的進行以「好賣」的東西為中心，一件商品對社會再生產（social reproduction）是否有益，並不在考量範圍內。從另一個角度來看，對社會再生產來說，真正需要的事物反而遭到輕視。

先前我們也已經看到，發生傳染病大流行時，人工呼吸器、口罩、消毒液等等、這些守護社會不可或缺的物品，在日本並沒有充足的生產體制。理應是先進國家的日本，卻因為企業為了降低成本而紛紛將工廠移至海外，甚至無法在需要的時候生產足量的口罩。這一切都是以資本的價值增生為優先、犧牲「使用價值」所造成的結果。我們的社會在面對危機的時候，失去了韌性與復原力。

在氣候危機的時代，這種無視於「使用價值」的生產方式，將帶來致命的影響。其實，我們有許多非做不可的工作——例如保障人們能夠普遍取得糧食、水、電力、住居、交通設施，以及預防洪水與海嘯、保護生態體系等等，比比皆是。正因為如此，我們必須優先考量的是危機處理所需要的事物，而不是「價值」。

因此，共產主義將大幅度轉換生產的目的。生產的目的不再是擴大商品的「價值」，而是「使用價值」；從整體社會的考量，來規劃生產。以別的方式來說，不再以GDP的增長為目標，而重視人們基本需求的滿足。這就是「棄成長」的基本立場。

無限提升生產力，只要是人們所欲求的，再多的量都生產——晚年的馬克思，明確地批判這種消費主義的錯誤。我們應該放棄當前的消費主義，將生產導向真正必要的事物，以促進整體人類的繁榮，同時克制自我的欲望。「人類世」所需要的，就是這樣的共產主義。

## ◆棄成長共產主義的支柱②——縮短勞動時間

### 削減勞動時間，提高生活品質

因為轉向使用價值經濟，生產的動態將發生巨大的改變。只為賺錢的、無意義的工作將會大幅減少；勞動力將有意識地分配到對社會再生產來說，真正必要的生產領域。

舉例來說，行銷、廣告、包裝等等，旨在喚起人們非必要欲望的行為，將被禁止。企業顧問與投資銀行也不再需要。二十四小時營業的便利商店與家庭餐廳，不需要到處都是。全年無休的營業方式也可以停止。

如果不再製造不必要的東西，社會整體的總勞動時間將會大幅度減少。雖然縮短勞動時間，但減少的只是無意義的工作，社會還是能維持實質上的繁榮。不僅如此，不論對人們的生活或是自然環境來說，減少勞動時間都能帶來正面的影響。馬克思也在《資本論》裡表示，為了轉向「使用價值」的經濟型態，縮短勞動時間是「根本的條件」。

現代社會的生產力已經夠高了；特別是生產的自動化，更將生產力提高到前所未有的境地。照理說我們已經有足夠的條件，足以將人類從薪資奴隸的狀態中解放出來才是。

然而在資本主義底下，自動化不但沒有帶來「從勞動解放」，反而成為「機械人的威脅」、「失業的威脅」。於是害怕失業的我們，到現在依舊拼命工作，走在過勞死的邊緣。這些情況充分表現出資本主義的不合理之處。如此不合理的資本主義，我們應該儘早捨棄。

相反地，共產主義的目標，是透過工作分享（work share）來提升GDP所無法顯示的QoL（quality of life，生活品質）[14]。縮短勞動時間將減輕人們的壓力，而對於背負育兒或照護責任的家庭來說，職務的分擔也會變得容易一些。

但是，我們不能為了縮短勞動時間而盲目地提高生產力。不只巴斯塔尼之類的加速主義者，甚至棄成長派的成員也紛紛高喊「從勞動解放」、「一週工作十五小時」等口號。因此對許多人來說，「純機械化經濟」這句話聽起來很有吸引力。但如果是晚年的馬克思，應該會這麼說吧！「透過完全的自動化逐漸縮短勞動時間，最終使人們不再需要勞動」這個極端的想法裡，潛藏著問題。因為，如果為了讓人類從勞動中解放出來而繼續提高生產力，將對地球環境造成毀滅性的影響。

透過自動化來減少勞動時間，還有另一個需要思考的面向。那就是能源的問題。假設有一個工廠引進了新技術，讓原本需要十個人的工作，一個人就能完成。這種時候，雖然生產力的確提高了十倍，但我們卻不能說，勞動者個人的能力提高了十倍。事實上，只是原先其他九位勞動者的工作，換成由化石燃料的能源來做。名為化石燃料的「能源奴隸」，代替名為勞動者的「薪資奴隸」工作，如此而已。

重要的是化石燃料的「能源投資回報率」（EROEI, energy return on energy invested）

有多高。「能源投資回報率」是一種指標，顯示每使用一個單位的能源，可以得到多少單位能源的比例。

一九三〇年代的原油開採，每支出一個單位的能源，可以得到一〇〇個單位的能源。換句話說，多出來的九九個單位，等於是自由使用的。然而從那時候開始，原油的「能源投資回報率」不斷下降；目前每支出一個單位的能源，只能獲得一〇個單位左右的能源。這是近年來許多人關注的問題[15]。造成這種現象的原因，是因為地理條件容易開採的油礦，幾乎都已被開採殆盡。

話雖如此，原油的能源投資回報率仍然比再生能源高出許多。以太陽能來說，每一個單位的投資只能獲得二・五～四・三單位左右的能源。據說用玉米製造乙醇的能源投資回報率，幾乎是一比一。如果每使用一個單位的能源，只能獲得一個單位的能源，那就毫無意義。像這一類的能源，可以說濃度非常「稀薄」，必須投入更多的資本與勞動。

若是要實現零碳社會，我們除了停止使用能源投資回報率高的化石燃料、切換成再生能源，別無他法。但這樣一來因為能源投資回報率的下降，經濟成長將變得極為困難。因為二氧化碳排放量減少所引起的生產力降低，我們稱之為「碳排放的陷阱」[16]

（emissions trap）。

而且，如果減少能源「奴隸」的使用，人類就需要代替能源、長時間工作。當然，我們將因此無法縮短勞動時間，生產也將減速。

為了減少二氧化碳排放量而減緩生產速度，這一點我們別無他法、只能接受。而且，正因為「排放量的陷阱」造成生產力的降低，我們必須減少不能產生「使用價值」的、無意義的工作，將勞動力分配到其他必要的部門，這件事會變得更重要。想要以生產力的提升實現「勞動的廢除」、「從勞動解放」，對零碳社會來說是不可能的。

正因為如此，我們必須重新評價馬克思的主張——重要的是，勞動的內容必須變得充實而具有魅力。下一個構想，就來自這樣的認識。

## ◆棄成長共產主義的支柱③——廢除規格化的分工方式

### 廢除規格化的分工，恢復勞動的創造性

因為蘇聯帶給人們的惡劣印象太過強烈，許多人聽到馬克思本人主張勞動應該具

有魅力的時候，總是感到吃驚。即使縮短了勞動時間，如果勞動的內容無聊又辛苦，人們為了消除壓力，還是會從事消費主義式的活動。改變勞動這種活動的內容以減輕壓力，對於重新獲得人性化的生活來說，是不可或缺的要素。

但是，讓我們看看現代的生產現場。自動化讓勞動的內容更加單調。依手冊操作的固定作業流程，雖然飛躍式地提高作業效率，卻剝奪了個別勞動者的自主性。無聊、無意義的勞動，永無止境地延續。

儘管如此，上一代的棄成長派因為避諱勞動問題，並未充分討論這個現象。在既有棄成長派的論述框架中，追求的始終只是在勞動以外的時間，實現創造性的、社會性的活動。因此，他們冀望自動化可以盡可能縮短勞動時間。剩下來的，就只能要求勞動者即使辛苦也要忍耐了。

相對地，馬克思完全不認為勞動是人們應該逃避、避免的事情。正好相反。馬克思追求的目標，是讓勞動成為創造性與自我實現的契機。為了做到這一點，我們必須獲得「使勞動具有魅力——換句話說，使勞動成為個人的自我實現之各種主客觀條件[17]」。

不只是增加勞動以外的餘暇——自由的時間——還要消除勞動時間內的痛苦與無

意義。勞動必須轉變為更具創造性的、自我實現的活動。

馬克思認為，為了重新獲得勞動的創造性與自主性，必要的第一步就是「廢止分工」。在資本主義的分工體制下，勞動閉鎖在均質的、單調的作業之中。為了對抗這一點、讓勞動具有吸引力，我們必須設計讓人們可以從事多樣化勞動的生產現場。

因此馬克思再三呼籲，克服「精神勞動與肉體勞動的對立」、「都市與農村的對立」，是未來社會的課題。

馬克思在他晚年的《哥達綱領批判》中，也強調這一點。在未來的社會中，勞動者們「不再像奴隸般從屬於分工」。「勞動將不只是生活的手段；勞動本身將成為最重要的生命欲求」。當這樣的未來實現，勞動者們的能力必定能實現「全面的發展」[18]。

為了達到這個目標，馬克思重視平等的、終生的職業教育；目的是讓勞動者脫離資本的「收編」，成為真正意義下的、產業的支配者。如果從這個觀點來評價當代的實踐，勞動者合作社與其他勞動者組織將心力投注在職業訓練的做法，就具有重大的意義。

我們還可以從晚期馬克思這個棄成長的立場，更進一步深入思考。如果停止均質單調的分工、重新獲得人性化的勞動方式，為經濟成長服務的效率化，就不再是最優先的考量。因為比起利益，工作的價值與人與人之間的互助，將獲得優先的地位。如果讓勞動者的活動幅度多樣化，重視作業平等負擔的輪班制以及對地方的貢獻，理所當然地，經濟活動的速度將會減緩。而這正是我們期盼的事情。

這種時候，我們完全不需要排斥科學或科技。事實上，在科技的幫助下，人們可以從事更多元、多樣的活動。這是「開放性的技術」（請參照第五章）的利用方式。

不過，為了發展開放性的技術，我們必須脫離以「封閉性的技術」為中心、也就是以利益為優先的經濟體制。勞動者也好、消費者也好，很容易受到「封閉性的技術」的支配。我們必須讓經濟活動的重點，轉換為「使用價值」的生產。

## ◆棄成長共產主義的支柱④——生產過程的民主化

### 進行生產過程的民主化，讓經濟減速

為了將重點放在「使用價值」、縮短勞動時間，我們必須引進開放性的技術。但，若是要實行這種「工作方式的改革」，勞動者必須握有生產方面的決定權。那也是皮凱

提的訴求——「所有權的社會化」。

透過「所有權的社會化」，生產手段被視為「common」而以民主的方式管理。也就是說，在生產過程中，關於要開發什麼樣的技術、以什麼樣的方式使用這些技術等等決策，都以更開放的形式、以民主的方式互相討論、共同決定。

不只是技術方面。如果能源與原料的選擇，也透過民主的方式來決定，同樣也會產生各種可能的變化。舉例來說，或許生產單位將與核能發電的電力公司終止契約，改採用當地生產、當地消費的再生能源也說不定。

這些事以晚期馬克思的視點來看，重要的是生產過程的民主化，將伴隨著經濟的減速。所謂的生產過程民主化，就是由「association」（所有成員構成的組織）來共同管理生產手段。換句話說，要生產什麼？生產多少數量？如何生產？——這些決策都透過民主的方式來決定。當然，成員之間也會有意見不合的時候；在沒有外在強制力的狀態下，意見的協調需要時間。「所有權的社會化」所造成的決定性變化，就是決策的減速。

這和現在企業的決策過程——優先反映少數大股東的意向——大異其趣。大企業之所以能夠迅速反應隨時變化的環境狀況，就是因為決策的過程以經營團隊的意向為基礎，而不是採民主方式進行。這種情況，馬克思稱之為「資本的專制」。

相對地，馬克思所構想的「association」（公會）重視生產過程中的民主，因此會讓經濟活動減速。然而過去的蘇聯沒有接受這樣的想法，結果形成了由官僚主導的獨裁國家。

棄成長共產主義以生產過程的民主化為目標，社會全體的生產方式也將逐漸隨之改變。目前，在專利權制度的保護下，智慧財產權與網路平台，由少數大型製藥公司或GAFA（Google, Amazon, Facebook, Apple）之類的大企業獨佔；這樣的事情，也將被禁止。知識與資訊，應該是全體社會的公共財。我們必須讓知識回復它原有的「根本的豐裕」。

一旦如此，私人企業將失去「利潤的獲取」或「市佔率競爭」這類的動機，由私人企業主導的技術創新很可能會減緩速度。

然而，這不一定是壞事。因為，資本主義為了製造「人為稀有性」所開發的「封閉性技術」，有時候反而妨礙了科學或技術的發展。就像《哥達綱領批判》裡所說的，當我們從市場的強制性底下解放出來後，每個人的能力都將得到充分的發揮；不斷的創新，也極可能帶來更高的效率、提升生產力。

發展對勞動者與地球都友善的、新的「開放性技術」，並且讓這樣的技術成為「公共財」——這是共產主義追求的目標。

## ◆棄成長共產主義的支柱⑤——對基礎工作的重視

### 轉換為使用價值經濟，重視勞力密集型的基礎工作

我們在第四章也曾確認過，晚年的馬克思揮別了生產力至上主義，開始接受自然的限制。本章的最後，我想強調與這一點有關的一件事——近年來流行的熱門議題：「自動化」與「AI化」，事實上存在著明確的極限。

一般我們稱呼難以機械化、必須人工作業的部門為「勞力密集型產業」。比方照護方面的勞動，就是這樣的典型。棄成長共產主義，目標是讓社會轉變為重視勞力密集型產業的社會。因為這樣的轉變，經濟將會減緩速度。

為什麼重視勞力密集型產業，可以讓經濟減速？為了理解這一點，讓我們更進一步思考照護的勞動。

首先顯而易見的是，要在照護勞動的部門推動自動化，是相當困難的。在重視「照護」與「溝通」的社會再生產領域裡，即使徹底實行規格化、建立標準流程，但由於所需的作業複雜而多樣，經常發生不規則的要素。因為不管怎麼做都無法排除這些不規則的要素，所以照護的工作是機器人或AI無法勝任的。

這一點，證明了照護勞動是一項重視「使用價值」的生產。舉例來說，照護工作者不只是照著工作手冊的指示，協助受照護者飲食、更衣、洗澡而已。她／他必須聆聽受照護者訴說日常的煩惱、適時給予建議，與受照護者建立信賴關係。同時，她／他也必須從細微的變化，觀察受照護者身體與心理的狀態，再根據受照護者個別的性格與背景，柔軟地以不同的方式對待每一位對象。保姆與教師也是如此。

因為這樣的特性，照護勞動被稱為「情感勞動」。與生產線輸送帶的作業不同；情感勞動如果忽視對象的情感，一切都成為枉然。因此，情感勞動無法用增加照護對象的人數，來提高生產力。照護與溝通，都需要時間。更重要的是，受照護的人，並不希望被「加速處理」。

當然，如果我們徹底將照護與護理的過程公式化，確實有可能提高效率到某種程度。但是，為了「賺錢」（＝「價值」）而過度追求勞動生產力，最終必將降低服務的品質（＝「使用價值」）。

然而，正因為不容易機械化，勞力密集的照護勞動一向被視為「低」生產力、高成本的部門。因此，包括從官僚到鄰近照護現場的管理階層，總是強行要求效率化，獨斷地進行不合理的改革，或是削減成本。

## ◆狗屁工作vs.基礎工作

資本主義社會對基礎工作的壓迫，隱含著「價值」與「使用價值」極端背離的問題。在我們這個時代，行銷廣告、企業顧問、金融保險業等等，屬於高薪的職業。乍看起來，這些都是重要的工作，但事實上它們對社會再生產，幾乎沒有任何幫助。

就像大衛・格雷伯（David Graeber, 1961-2020）所指出的，甚至連從事這些工作的人本身，都覺得即使自己的工作消失，這個社會也不會有任何問題。這世界上充滿了「狗屁工作（bullshit jobs）」。

確實如此。我們開一大堆毫無意義的會議，浪費許多精力時間製作無聊的簡報資料，在臉書上編輯沒有人要看的企業公告，用Photoshop軟體修改照片。

矛盾的是，這些勞動幾乎不會產生任何「使用價值」，卻能夠支領高薪，因此吸引了許多人才。另一方面，對社會再生產來說不可或缺的「基礎工作」（產生高「使用價值」的勞動）卻因為薪資太低，經常必須面對人手不足的問題。

所以，我們必須讓我們的社會，轉變為重視「使用價值」的社會。一個重視「使用價值」的社會，將會給予基礎工作應有的評價。

這對地球環境來說，是一件好事。照護勞動不僅對社會有貢獻，而且它是低排碳、使用極少能源的行業。如果我們不再以經濟成長為最高目的，就有機會改變態度，不再只重視以男性為中心的製造業，而開始重視勞力密集型的照護勞動。對於這個能源投資回報率不斷下降的時代來說，那將是合適的勞動方式。

讓我們再說一次——這也將成為經濟減速的契機。因為，提高照護勞動的生產力，幾乎無可避免地會導致品質的低落。

## ◆照護階級的反抗

棄成長共產主義之所以重視照護勞動，不只是因為它對環境友善，更因為目前在世界各地挺身對抗資本主義邏輯的，正是從事照護工作的勞動者。那就是格雷伯所說的「照護階級的反抗」(revolt of the caring classes)[19]。

目前，以照護勞動者為代表的基礎工作者，雖然他們的工作對社會有很大的貢獻有價值，卻被迫從事低薪資、長時間的勞動。雪上加霜的是，他們還要遭受管理者的虐待；而這些所謂的管理者除了增加多餘的管理、規則、手續之外，實際上一點用處都沒有。

但是，這些基礎工作者終於挺身而出，開始抵抗了。即使是習慣吃苦耐勞的他們，也無法再忍耐勞動條件繼續惡化下去。最重要的是，他們無法忍受自己所提供的服務品質，因為削減成本而降低。

結果，甚至在日本，幼教老師的集體辭職、醫療現場的抗議、教師與照護人員的罷工等等，也有如雨後春筍般在各地發生，成為社會注目的焦點。除此之外，便利商店停止二十四小時營業、高速公路休息站的罷工等等，也不斷增加。這些抗議活動的訊息透過SNS擴散，逐漸得到人們的支持[20]。

這是世界性的潮流。這樣的串連，是否能引起更廣大、更基本的改變？在這個瞬間，我們是要和他們攜手合作，還是要繼續輕視「使用價值」，繼續固執於重視無意義工作的「狗屁經濟」？

未來道路的分歧點，正在這裡。我們是要強化彼此的相互扶助，還是繼續加深人與人之間的隔絕分裂？如果一切順利，我們極可能重新形成更民主的、相互扶助的共同體，開拓朝向不同社會的道路。

## ◆自治管理的實踐

值得注意的是，「照護階級的反抗」很有可能朝著自治管理的目標繼續發展，而不是一時的抗議就結束了。

這個可能性的出現是在二〇一九年，世田谷區某一所幼兒園突然宣布破產關閉的時候。

事實上，近年來不負責任的幼兒園經營，正逐漸成為社會問題。一旦幼兒園的經營惡化，重視利益的經營者（公司）經常毫無預警地將幼兒園關閉。

然而，對幼兒與家長們來說，突然的關閉造成生活上極大的困擾。於是原本在這所幼兒園工作的幼教老師們，雖然公司突然的決定也讓他們不知所措，但他們決定借助「照護幼保工會」的力量，選擇了自主營運的道路。

這麼一來，紙糊的權力權威，瞬間分崩瓦解、現出原形。平常，那些以賺錢為唯一目標的公司經營者以及他們雇用的園長，態度高高在上，但這時候真相曝光——他們的職務是典型的、毫無意義的「狗屁工作」。現實中真正維持幼兒園營運的，毫無疑問是幼教老師們。正因為如此，就算沒有所謂的「經營者」，經營上並沒有任何問題，事業得以繼續。

當然，這所幼兒園原本的經營狀況就不好，要擠出人事費、與家長們建立信賴關係，都不是容易的事。但是，這次的自主經營的嘗試證明了一件事——勞動者有能力拒絕經營者的剝削。

像這樣，為了保護服務的品質，親自進行生產的自治管理，可以說是一種積極的「反抗」。同時，它也打開了另一個可能性——如果勞動者（幼教老師）與消費者（家長）

攜手合作，或許能建立一種更為安定的、合作社型的自主營運方式。

## ◆棄成長共產主義將修復物質代謝的斷裂

最後讓我們重新整理一次，「棄成長共產主義」這個馬克思晚年所得到的結論。晚年的馬克思提倡，將生產的重心轉向「使用價值」，減少製造無用「價值」的生產，並且縮短勞動時間。剝奪勞動者創造性的分工方式，也要逐步減少。必須與這些同步進行的，是生產過程的民主化。勞動者以民主的方式，決定與生產相關的各種事項。就算民主的方式，會使決策的過程耗費較多的時間，但那無所謂。還有，對社會有用、環境負擔不高的基礎工作，應該受到社會更高的評價。

這些想法如果真的實現，結果將造成經濟的減速。對於受到資本主義競爭社會耳濡目染的人來說，經濟的減速是難以接受的想法吧！

但是，追求最大利潤與無限經濟成長的資本主義，無法保護地球環境。不論是人類或是自然，都是資本主義掠奪的對象。資本主義以人為的方式創造稀有性，但這人為的稀有性，只會讓許多人陷入貧窮的苦境而已。

相較起來，棄成長共產主義將帶來減速的經濟社會，讓我們在滿足人類欲求的同時，還有餘裕考慮環境問題。而因為生產的民主化與減速，人類與自然的物質代謝的「斷裂」，將逐漸得到修復。

當然，包括電力與水的公營化、社會性所有權的擴充、對基礎工作的重視、農地改革等等，這必須是一個包含廣泛領域的計畫。

先前我們看到的一些實例，比方勞動者合作社的興盛或照護階級的反抗等等，看起來似乎是規模極小的抵抗。或許真是如此。但是在全世界，還有許許多多抵抗資本主義的人與活動。這些個別的抵抗，將由「點」連結成「面」。

特別是在那些因為資本主義的全球化而衰退的都市中，人們開始在痛苦中摸索，追尋新經濟方式的潮流正在興起。如今這樣的運動不但推動了世界各地的都市，甚至開始影響國家的政治。

這些抵抗不必然以「棄成長」為口號，也不一定有意識地追求共產主義。但不管怎麼說，這些不斷蔓延的運動，正是棄成長共產主義的萌芽。因為在這「人類世」環境危機的時代中，對抗資本主義、想要創造全新社會的運動，必然會朝著這個方向。

### ◆Buen vivir（好好生活）

這個可能性，也表現在「buen vivir」這個概念的普及上。如果不加修飾地直譯，這句話的意思可以說是「好好生活」。這句話原本來自厄瓜多原住民，後來被翻譯成西班牙語。二〇〇八年厄瓜多共和國修改憲法的時候，採用了這句話。如今厄瓜多的憲法裡明文記載，保障人民能夠實現「buen vivir」，是國家的義務。

這句話首先在南美洲散播開來，現在歐美地區的左派人士，也開始使用。世界上有越來越多的人重新審視自己的價值觀，不再一味地追求西洋式的經濟發展，開始向原住民的智慧學習。

在日本廣為人知的、不丹的「國民幸福指數」（GNH），是另外一個例子。

還有，美國「立石印第安保留區」（Standing Rock Indian Reservation）的原住民與白人攜手合作，為了保護神聖的水源而展開大規模的抗議活動，反對石油輸送管道的建設。參與這個運動的娜歐米．克萊因（Naomi Klein, 1970-），也開始明白地宣示「克服資本主義」的目標。

特別值得注意的是，克萊因在抗議活動中的發言。她說：「我們必須用謙遜的態度，向原住民學習我們對未來世代的義務，以及所有生命的關聯」[21]。如今，克萊因也已經接受了棄成長的立場。

在氣候危機的刺激下，現在正興起一種「放棄歐洲中心主義，向全球南方學習」的新運動。沒錯，這正是晚年的馬克思所期盼的。

而且，隨著氣候變遷危機的加劇，這共產主義的萌芽變得更具野心，極有可能開花結果，成為二十一世紀的環境革命。

接下來的最後一章，就讓我們來介紹這個萌芽。

第八章

# 以氣候正義作為「槓桿」

## ◆透過馬克思的「眼鏡」來解讀當今的各種實踐

棄成長共產主義的種子，正在全世界各地冒出新芽。本書的最後，將經由晚期馬克思的「眼鏡」，來觀察發生在幾個都市的革新嘗試。透過本書所發掘的馬克思的新眼鏡來觀察，我們將看到，這些運動與實踐的哪些面向，應該得到更進一步的發展。拜晚期馬克思之賜，世界將有不同的面貌。這正是理論所能扮演的角色。

然而反過來說，理論家也從現場人們的痛苦與抵抗，學到許多事情。馬克思之所以能完全捨棄進步史觀、進而接受棄成長的概念，就是因為他把眼光朝向了全球南方。由於認真觀看全球南方的真實景況，他改變了自己的價值觀。假使馬克思從頭到尾一直執著於歐洲中心主義，應該就不可能得到晚年的識見吧！

晚期馬克思向全球南方學習的這種態度，在這二十一世紀顯得越來越重要。就像我們在第一章看到的，因為轉嫁與外部化，資本主義所引起的環境危機，其衝突在全球南方正日益激烈。

## ◆不是回歸自然，而是建設新的合理性

不過，為了避免誤解，讓我們再說一次——晚期馬克思的主張並非捨棄都市的生活與科技、回到農耕共同體社會。那是不可能的。而且，我們也不需要將農耕共同體的生活理想化。無需贅言，他們的生活也有各式各樣的問題。另一方面，都市與科技的發展，也有許多值得肯定的地方。我們完全不需要全面否定都市生活與科技發展的合理性。

但是，現代都市的樣貌有許多必須修正的問題，這一點是毫無疑問的。共同體的相互扶助精神徹底瓦解，浪費大量的能源與資源，這樣的生活是不可能永久持續下去的。換句話說，我們的「都市化」已經走過頭了。

結果，全世界的二氧化碳排放量，都市就佔了大約七成。因此為了解決氣候危機、重建人與人之間的相互扶助精神，我們非得改變都市生活不可。就算我們捨棄都市、將自己封閉在山林深處，如果地球全體最後還是被「大洪水」吞噬，那是毫無意義的。

換句話說，我們需要的是批判由資本所產生的都市空間，創造嶄新的都市合理性。值得慶幸的是，世界各地的自治團體正如雨後春筍一般，紛紛開始推動合理且環

保的都市改革。其中正受到全世界矚目的，就是高舉「無懼的城市（Fearless City）」旗幟，與西班牙巴塞隆納共同奮鬥的各國自治團體。

在這本書的最終章，我們將透過晚期馬克思的視點，來評價巴塞隆納的試驗。這麼一來，巴塞隆納的革命性意義必將浮現。

## ◆無懼的都市．巴塞隆納的氣候緊急狀態宣言

所謂的「無懼的都市」（Fearless City），指的是那些敢於反對國家強制推動的新自由主義政策，具有革新精神的地方自治體；那些不畏懼國家、不害怕跨國企業，為了居民而行動的都市。

比方說，阿姆斯特丹與巴黎限制Airbnb（預約住宿的跨國網路平台）的營業日數、格勒諾布爾（Grenoble，法國東南部城市）禁止學校的供餐使用跨國企業的製品等等，許多都市的政黨與市民團體都參加了「無懼的都市」的網絡。單一自治體的嘗試，無法改變已經全球化的資本主義。因此，世界各地的許多都市與市民正攜手合作，交換

彼此的知識與經驗，試圖建立嶄新的社會。

其中，最早高舉「無懼的都市」旗幟的巴塞隆納，關於市政改革的想法相當具有野心。從二〇二〇年一月發表的巴塞隆納「氣候緊急狀態宣言」，也可看到他們革新的態度。

這份宣言，並不是「讓我們阻止氣候變遷吧！」這種內容空洞的呼籲而已。它以清楚的數字，明白地揭示二〇五〇達到去碳化（二氧化碳排放量為零）的目標，並且提出長達數十頁的分析與行動計畫。雖說巴塞隆納是個大都市，但並不是首都；一個並非首都的自治體，具有這麼卓越的政策制定能力，首先就讓人驚訝。而且，這份宣言並不是政府職員的作文，也不是智庫的提案，它是由市民集體撰寫的。

在它的行動計畫裡，羅列了二百四十條以上、周延而具體的項目。為了減少二氧化碳排放量，提出了全面性的改革計畫；例如綠化都市公共空間，電力與食材當地生產當地消費，擴充公共交通設施，對汽車、飛機、船舶進行限制，消除能源貧困，減少垃圾並回收再利用等等。

其內容有許多部分，比方廢止航空交通的近距離路線、市區的汽車速限（時速三十公里）等等，如果不和跨國企業對抗是無法實現的。這表現出「無懼的都市」的戰鬥態度。我們可以清楚看到他們守護市民生活與環境、而不是追求經濟成長的態度。我們在上一章看到晚期馬克思的棄成長社會的要素——從「價值」到「使用價值」的轉換——在這裡也可以清楚地看到。

事實上，這份宣言裡關於「經濟模式變革」的項目，就表現出以棄成長社會為目標的強烈態度。

既有的經濟模式，以持續的成長與無盡的競爭（為了獲取利潤）為前提，不斷增加自然資源的消費。這樣的經濟體系，不但讓地球的生態平衡陷入危機，同時也明顯擴大了貧富差距。毫無疑問地，富裕國家——特別是超富階層——的過度消費，是全球環境危機、特別是氣候危機最主要的原因[1]。

這份宣言，以嚴厲強硬的字眼，批判資本主義底下永無止境的利潤競爭與過度消費，是氣候變遷的原因。如此直搗本質的主張來自市民，並且獲得市民支持，產生了足以影響市政的力量。這一連串的過程，正是未來的希望。

## ◆創造社會運動的地方政黨

巴塞隆納這份劃時代的宣言，當然不是一夕之間完成的。他們能走到這一步，背後有一個強韌的市民組織。

眾所周知，在雷曼兄弟事件之後的歐盟經濟危機中，西班牙是最受打擊的國家之一。當時的失業率高達百分之二十五，貧困擴大；在歐盟緊縮政策的強制之下，不得不縮小社會保障與公共服務的規模。

雪上加霜的是，巴塞隆納觀光業的過度發展，也壓迫到一般市民的生活。越來越多的屋主，將原本出租給市民居住的房屋，改成觀光客用的「民宿」。房租急速上升，很多市民失去住所，物價也跟著上漲。新自由主義全球化所造成的矛盾，在巴塞隆納的街道上一覽無遺。

二〇一一年，再也無法忍受這種惡劣生活狀況的年輕人們，率先展開佔據廣場的運動，人們稱之為「15 M運動」。這個運動一面改變樣貌、一面持續下去，其成果之一，就是「共同巴塞隆納」（〔加泰隆尼亞語〕Barcelona en Comú）的成立；它是一個與地方密切結合的市民平台式政黨。

在二〇一五年的地方選舉中，這個剛成立的政黨以破竹之勢迅速獲得人心，政黨的中心人物阿妲・庫勞（Ada Colau, 1974-）當選市長。她是一位從事反貧困運動的社會運動家，特別是在居住權問題上持續投注心力。

新就任的市長不但沒有斬斷她與社運的關聯，還重新整頓行政體系，將來自民間的、草根的聲音帶入市政。鄰里居民的意見、自來水與能源等等「公共財」領域工作人員的建議，都受到慎重的對待。市政府向所有的市民開放，市議會則充分發揮機能，成為反映市民心聲的平台。在巴塞隆納，社會運動與政治令人讚嘆地結合在一起。

先前提到的宣言，起草的過程也是如此。來自超過兩百個團體、三百人以上的市民代表參與「氣候緊急狀態委員會」，宣言就在這委員會的反覆討論下寫成。自然能源的公營企業（Barcelona Energia）與房屋公司的業務員等等，也參加了工作坊。

換句話說，這份宣言是社會生產現場各領域的專家、勞動者、以及市民共同執筆的。宣言本身就是一項多樣化市民參與型的企劃。若非如此，不可能形成這麼具體的改革方案。正如馬克思所言，社會改革的智慧，孕育自生產的次元。

## ◆氣候變遷對策帶來橫向的聯結

當然，在這之前，巴塞隆納也一直有各式各樣針對水、電力、住宅等等問題的社會運動與計畫。但是讓各種分散的單一議題（比如自來水公營化的要求）結合起來的，是氣候變遷的問題。因為將氣候變遷對策的觀點帶入單一議題的改革，產生了超越個別問題的橫向聯結。

舉例來說，電費漲價將直接衝擊到貧困家庭的生活。相反地，若是將能源系統轉換成以當地生產、當地消費為目標的公營再生能源，不但能活化地區經濟，來自能源的收益，也能用在地區共同體的福利或建設上。所以理所當然地，後者不但是一種氣候變遷的對策，同時也是解決貧困問題的方法。若是建造設置太陽能板的公營住宅，不但能成為環境問題的對策，也可以保障市民的生活空間，抵抗資本將社區「仕紳化」（gentrification，又譯「貴族化」）的企圖。若是活化新型態的地產地消（當地生產、當地消費）型經濟，將能在地方上製造新的就業機會，也能改善年輕族群的失業問題。

各式各樣的社會運動，經由氣候變遷問題的媒介而聯結在一起，開始將目標放在包含經濟、文化、社會在內，更巨大的體系改革上。

巴塞隆納的這些運動所追求的無它，就是以「公共財」的「根本的豐裕」，取代資本主義所製造出的人為稀有性。

## ◆透過「合作社」創造參與型社會

不論是政策的內容，或是運動的方法論，巴塞隆納各種革新的嘗試接二連三地成功，並獲得市民的支持。其秘密之一，就是「勞動者合作社（workers cooperative）」的傳統。沒錯，就是馬克思稱之為「可實現的共產主義」的勞動者合作社。

西班牙原本就是合作社發達的地區。特別是巴塞隆納，除了勞動者合作社之外，更以生活合作社、互助會、有機農產品消費團體等等「社會團結經濟（Social Solidary Economy）」活動的中心地著稱。社會團結經濟在巴塞隆納市創造出百分之八、相當於五萬三千人份的工作，而且佔全市總生產額的百分之七[2]。

勞動者合作社的活動範圍亦極為廣闊，在製造業、農業、教育、清掃、住宅等等領域，發展各種事業。透過年輕人的職業教育、失業者支援、以及在地居民的交流等等活動，他們希望能摸索出方法，建設以在地居民為主的都市，對抗過度的觀光與仕紳化。

自治體與合作社的結盟，為雙方都帶來良好的結果。自治體在進行公共採購的時候，優先選擇當地的、公正的業者，而合作社接到的訂單也隨之增加。

另一方面，市政府吸納合作社的意見，同時活化了政治與社會運動。比起追求短期的利潤，合作社的成員們更重視自主、參與、以及相互扶助；這樣的精神更延伸到生產現場之外，影響到政治的領域，促進了參與型民主的發展。市民與政治發展出前所未有的互動，雙方都有越來越好的表現。

這樣的做法，正是從掠奪型經濟轉向永續的、重視相互扶助的「參與型社會主義」的第一步。在這裡，我們可以看到馬克思所說的「association」（共同協作）。

## ◆朝向符合氣候正義的經濟模式

現在，讓我們來看看這份充滿企圖心的氣候緊急狀態宣言中，最具劃時代意義的部分。巴塞隆納如此強調——我們必須明白地承認，先進國家的大都市，對氣候變遷帶來巨大的影響。糾正這樣的狀況，是實踐「氣候正義」的第一步。

對日語來說，氣候正義（climate justice）或許是個陌生的字眼，但這個字在歐美的媒體上，則幾乎是每日喧騰。引起氣候變遷的雖然是先進國家的富裕階層，但受害的卻是甚少使用化石燃料的全球南方，以及未來的世代。消除這樣的不公正、阻止氣候變遷——這種認知，就是氣候正義。

這份宣言接著說，為了改變經濟體系、使其符合氣候正義，我們必須傾聽來自全球南方的女性的聲音——她們是最容易受害的一群人。「事實上，因為氣候危機被迫遷居的人，八〇％是女性。但是，她們是照護服務的重要提供者。如果我們要對抗氣候緊急狀態，就必須改變這不可能永遠繼續下去的、不公正的經濟模式」。

不僅如此，巴塞隆納宣言還明確地表達他們的主張——先進國家的大都市必須重視「協力合作的照護勞動」，與他者及自然保持「友愛的關係」。在移向「不犧牲任何人」的社會時，先進國家的大都市有擔任先導角色的責任。當然——宣言指出——這些費用必須由那些「最享受特權地位的人」來負擔[3]。而這正是「照護階級的反抗」。

## ◆Municipalism——超越國界的自治主義

最重要的一點是，巴塞隆納的改革並非侷限於先進國家某一都市的運動，他們的視線看到了全球南方。這件事讓他們創造出國際之間的連繫，以對抗資本的專制。

事實上，由巴塞隆納所號召成立的「無懼城市」網絡，遍及非洲、南美、亞洲，共有七十七個據點參與。

「無懼城市」之所以能勇敢地面對挑戰，不只是因為市民之間的相互扶助，還因為都市之間的合作關係。

舉例來說，像自來水這樣的公共服務事業，在新自由主義政策盛行的時代紛紛民營化。如何讓這些已經民營化的公共事業再度公營化？參加「無懼城市」網絡的都市，彼此分享自己的經驗與知識。經營民間自來水事業的，大多是龐大的跨國企業，為了進行公營化，必須與他們進行激烈的交涉，有時甚至要走上法庭。但是從國際「無懼城市」的橫向結盟所得到的知識，能夠成為莫大的助力。

這種超越國界的聯結、革新自治體的網絡，其精神被稱為「自治主義（Municipalism）[4]」。過去的地方自治體是封閉的；相對地，自治主義追求的是向著國際間開放的自治體主義。

## ◆向全球南方學習

但是，自治主義的嘗試並非從一開始就是完美的。相反地，從歐洲出發的自治主義，當初受到了來自全球南方的批判——說穿了，這不過就是先進國家的白人中心的運動，不是嗎？

最早嘗試不依賴國家的參與型民主與共同管理的，其實是全球南方。最有名的例子，或許是墨西哥恰帕斯州的原住民發起的，薩帕提斯塔抵抗運動（Zapatista uprising）。這個運動是以一九九四年、北美自由貿易協定（NAFTA）生效為契機開始的，遠在歐洲的自治主義之前，就已經率先對新自由主義與全球化資本主義說「NO」。

再看看另一個例子。以「受苦者的國際聯結」這個意義來說，國際農民組織「農民之道」（Via Campesina）也是與薩帕提斯塔抵抗運動同一時期興起的。這個運動誕生於農產品貿易加速自由化的一九九三年，最多團體參加的就是中南美洲。這正可說是全球南方的聲音。

為了生存，親手取回農業的經營權、由自己自治管理，是理所當然的要求。這樣的要求，被稱為「糧食主權」。

大多數成員為中小規模農業工作者的「農民之道」，所追求的是傳統農業與環保農業。這樣的方向對環境造成的負擔，當然比較低。這個團體興起的一九九〇年代，正好是冷戰終結、二氧化碳排放量激增的時期。在這種情況的背後，在不受注意的全球南方，薩帕提斯塔與「農民之道」這樣的革新抵抗運動，默默地展開。

在這全球化資本主義持續破壞環境的時代，依舊沈睡不醒的難道不是先進國家嗎？他們難道不應該給予這些先驅性的嘗試正當的評價嗎？難道不應該虛心向這些運動學習？全球南方提出質疑[5]。據說全世界有兩億人以上的農業工作者，直接、間接參與「農民之道」的運動。但是，知道這件事的日本人有幾個？

## ◆新啟蒙主義的無力

請讀者回想一下，本書的論述是從批判「帝國生活模式」與「生態學帝國主義」開始的。我所批判的是，先進國家之所以能夠過著舒適而富裕的生活，是因為向全球南方掠奪財富，並且將環境負擔轉嫁到他們身上。

將環境負擔強加於全球南方的「製造外部的社會」，也就是先進國家。住在這些先進國家的我們，閉上眼睛不看不公正的事實，也不想知道地球真正發生了什麼事，繼續在做我們的資本主義美夢。

正因為如此，若是要追求永續、公正的社會，我們就必須對抗帝國生活模式與生態學帝國主義。但如果改變的只是某一先進國家國內的消費模式，這種程度的改變無法解決問題。我們需要的是全球性的巨大改變。

然而，面對先進國家對全球南方的掠奪，光是提出「世界公民」這種世界主義式的理念、擁護「啟蒙主義」的必要性，顯然是不夠的。想要以抽象的理念來對抗殘酷的事實，只會發出空洞的聲響而已。

相反地，我們必須將目光放在實踐，在現實中對抗掠奪的事實。其中，找出具體的契機以構築國際性的「團結經濟」，具有決定性的重要性。

而這正是晚年馬克思想要做的事情。馬克思已經注意到，在資本主義的外部——以今日來說，就是全球南方——資本主義的殘暴性質暴露無遺，毫無遮掩。

正因為如此，晚年的馬克思試圖從俄羅斯農耕共同體以及印度的反殖民主義運動中，積極找尋反資本主義運動的可能性。而他所得到的結論，正如第四章所見，就是棄成長共產主義。

同樣地，今日以永續、公正社會為目標的自治主義自治體，正積極向全球南方的抵抗運動學習，以回應前述的批判。他們學習的核心，就是「氣候正義」與「糧食主權」。

## ◆取回糧食主權

首先讓我們深入探討糧食主權的問題。

為了生存，人需要食物，這是理所當然的事。因此，糧食必須是一種「公共財」。但是，在全球南方蓬勃發展的資本主義農業綜合企業（agribusiness），卻將收穫的農作物輸出到先進國家。因此，儘管許多全球南方的國家農業興盛，是農產品的純輸出國，其國內卻有眾多為飢餓所苦的貧困階層。

這是因為，這些農產品輸出國優先生產的，是妝點先進國家餐桌的高價輸出品；而實際從事耕作的農民生存所需的、廉價的糧食，卻沒有生產。雪上加霜的是，多國籍企業透過專利權，獨佔了種子、肥料與農藥的權利與資訊，更殘酷地讓農家的經濟負擔變得無法承受。

為了商品的「價值」而生產，輕視「使用價值」——這個資本主義的矛盾，在全球南方以血淋淋的方式呈現。

舉例來說，英國殖民統治時期的種族隔離制度，就在南非留下了負面的遺產。以白人為中心的二〇％的大規模農家所生產的農產品，佔了南非農業總生產額的八〇％。而且，儘管南非是非洲最大的農產品輸出國之一，飢餓率卻高達二六％[6]。因為種族隔離制度，非白人的小規模農家被分配到的，幾乎都是貧瘠而取水不易的土地；不要說是收入，連想要自給自足都有困難。這個被稱為世界五大新興國（BRICS）之一、曾經舉辦世界盃足球賽的國家，竟然是這樣的狀況。

為了對抗這樣的狀況，南非的人民在二〇一五年開始了「南非糧食主權運動」

（South African Food Sovereignty Campaign）[7]。參加者都是小規模農業的經營者、勞動者，以及非官方組織（NGO）與社會運動的中堅份子。為了促進草根式的合作社型農業，他們成立了平台。過去由國家主導的、由上而下的農業綜合企業，無法為人民帶來豐裕的生活；「南非糧食主權運動」就是對這種政策的反抗。

他們想解決的問題，就是大多數的貧苦農民，缺乏永續農業所需要的知識與資金。在缺乏知識的狀況下，在沒有灌溉設備的土地上從事農業，立刻就會遭遇失敗；於是這些農民不得不向銀行貸款以購買化學肥料與農藥，成為農業綜合企業的俎上肉。

因此，「南非糧食主權運動」所構想的模式是，由農民們親自成立合作社。然後，由地方的非官方組織出借必要的農具等等設備，並且教導他們有機栽培方面的知識。為了取回原先由資本獨佔的技能，他們慎重仔細地實施馬克思所重視的職業訓練。

「南非糧食主權運動」希望透過這樣的措施，農民可以自行採取、管理農作物的種子，讓具有持續可能性的有機栽培得以深入一般農家，不再依賴基因改造作物與化學肥料。這不是別的，就是重建「公共財」的嘗試。

## ◆從全球南方走向全世界

當然，不論是「農民之道」或「南非糧食主權運動」都清楚地認識到，光有糧食主權的運動是不夠的。因為，更巨大的問題正逐步逼近。那就是本書的主題，氣候變遷。

事實上，南非的農業正受到氣候變遷的威脅。近年來，開普敦市反覆遭遇過許多次嚴重缺水的問題。可預見地，今後乾旱發生的機率會越來越高。乾旱所導致的糧食價格高漲，直接衝擊到人們的生活。

因此，如果我們的目標只是讓農業成為可持續的、安定的工作，那是不夠的。如果地球環境變得無法從事農業，那就一切都成泡影。因此，糧食主權運動必須與氣候正義的運動結合，並因此讓地區性的運動，與全世界的運動接軌。

有一個實際的例子，可以讓我們清楚理解這樣的過程。那就是針對南非薩索爾有限公司（Sasol Limited）的抗議活動。

## ◆對抗帝國生產模式

薩索爾的總公司設立於約翰尼斯堡，是一家從事探勘、開發、生產並銷售煤炭、石油、天然瓦斯的資源企業。薩索爾公司一年的二氧化碳排放量大約六千七百萬噸。光是這樣一家企業，就超過葡萄牙整個國家的排放量。當然，薩索爾公司引起的空氣污染也是非常嚴重的。

為什麼薩索爾會排放這麼多的二氧化碳？原因之一，就是他們從煤炭提煉人造石油，以作為石油的替代品。原本在種族隔離時代，世界各國曾經禁止原油輸出到南非，因此從納粹德國時代開始，當時還屬於國營企業的薩索爾，就開始運用費托合成（Fischer-Tropsch process）的技術，從事人造石油的生產。

但是，雖然今日南非已經可以輸入原油了，薩索爾公司仍然持續提煉人造石油的事業，而且再次吸引世人目光。因為，雖然石油資源開始枯竭，但全世界還蘊藏著豐富的煤礦，因此薩索爾公司提煉石油替代品的技術受到矚目。然而，使用由煤炭製成的合成燃料，其溫室氣體的排放量將近石油的兩倍。對氣候危機來說，這是致命的轉嫁技術。

理所當然地，南非的環境運動者要求薩索爾公司停止人造石油的生產。有趣的是他們進行反對運動的方式。這個反對運動的重要人物威許瓦斯・薩特加（Vishwas Satgar），同時也是南非糧食主權運動的中心成員。他沒有把薩索爾公司的問題視為南非這個國家單獨的問題，而尋求與國際運動結盟。他們提出的口號是「我們不能呼吸！」（We Can't Breathe!）。

薩特加注意到一件事——薩索爾公司投資了美國路易西安那州查爾斯湖地區的石油化學工業。當然，因為這個投資計畫，美國也開始排放更多的二氧化碳。

因此薩特加指出，對擔憂氣候變遷的美國人來說，要求薩索爾公司停止人造石油的生產，也是他們共通的課題。他進一步呼籲，要求與美國的「日升運動」（Sunrise Movement）、「週五為未來而戰」（Fridays for Future）、「黑人的命也是命」（Black Lives Matter）等等運動結盟。

正確來說，他不只是為了減少二氧化碳排放量，而要求國際結盟。這是來自全球南方的呼籲，希望先進國家能反省從德國的納粹、英國殖民南非的種族隔離政策、一直到美國石油產業，一連串的帝國主義歷史，要求揮別資本主義的負面遺產。換句話說，他盼望的是反抗帝國生產模式的國際結盟。

環境運動的標語「我們不能呼吸！」（We Can't Breathe!）其實沿襲自「黑人的命也

是命」的標語「我不能呼吸！」（I Can't Breathe!），從這裡也可以看出薩特加的意圖。二〇一四年，住在紐約的黑人艾瑞克．加納（Eric Garner）被警察勒住脖子致死的時候，最後講的就是這一句話。

南非的環境運動向世界告發，同樣的暴力事件每日都在南非的土地上演。他們更將從奴隸貿易發端的帝國主義與種族歧視問題，和氣候變遷問題聯結在一起，將它擴張到氣候正義的脈絡之中。

人權、氣候、性別，還有資本主義。所有的問題都是串連在一起的。

發出這樣的呼籲的不只有南非。全世界各式各樣的運動，都發出了同樣的聲音。只是我們沒有注意到，或是即使看到了，也當作沒這回事，如此而已。然而，如果我們不回應這樣的呼籲，氣候正義絕對沒有實現的一天。

晚年的馬克思一方面批判英國對愛爾蘭的殖民統治，一方面表示，英國的勞動者必須與受壓迫的愛爾蘭人結盟。他更進一步斷言，如果後者得不到自由，前者也絕對無法獲得解放。從這個意義來說，革命的「槓桿」就在愛爾蘭[8]。

我們這個時代，也是完全相同的情況。全球南方正是革命的「槓桿」。團結究竟是否可能？

## ◆以氣候正義作為「槓桿」

其實，本章一開頭所看到的、巴塞隆納的氣候緊急狀態宣言正是一種嘗試，試圖回應來自全球南方的呼籲。有趣的是，回應呼籲的行為本身，就要求我們的社會轉變為實質上的「棄成長」經濟。

正如先前所述，巴塞隆納的氣候緊急狀態宣言表示，因為先進國家所排放的二氧化碳而導致的氣候變遷，造成發展中國家的社會弱勢族群受到巨大的損害。同時，這份宣言明白地承認，這種情況是不公正的。以此為前提，它清楚地揭示先進國家大都市的責任——氣候正義的目標，不只是保護自己的國民，而是在真正的意義下，「不犧牲任何人」。

如同馬克思從非西歐、前資本主義社會學習「棄成長」的理念，巴塞隆納也從全球南方得到「氣候正義」的概念，這也使得他們能寫出那樣一份革新的氣候緊急狀態宣言。換句話說，巴塞隆納這個城市，正試圖以氣候正義作為革命的「槓桿」。

為什麼氣候正義這件事，有那麼重要？讓我們回想一下第二章與第五章引述的那些議論。湯瑪斯·佛里曼、傑里米·里夫金、還有亞倫·巴斯塔尼，他們都呼籲將這個世界的經濟模式，轉換為可以長久持續的型態。然而，他們的主張推論到最後，卻還是以經濟成長為優先，結果只不過是強化了對周邊地區的掠奪而已。

這些人欠缺的，就是朝向全球南方的視線。不——更正確地說，向全球南方學習的態度。

到目前為止，先進國家一直都能同時顧及經濟發展與環境問題，而且看起來，之後也可以繼續兩者兼顧。但就像我們在第一章所看到的，那只是因為他們在表象的背後，將各式各樣的問題轉嫁到全球南方，讓問題隱形而已。所以，就算全球南方想要用先進國家同樣的方法，來同時照顧經濟與環境，也不可能成功，因為已經沒有地方可以轉嫁了。當代的氣候危機，清楚地為我們指出了這種外部化社會的極限。

當然，我們可以像佛里曼或巴斯塔尼那樣，閉眼不看真正的危機，鼓吹只要「脫鉤」與「資本主義非物質化」，就可以解決所有的問題。但是，我們也可以誠懇地接受氣候正義的概念，仔細注視著全球南方，向他們的做法學習。一旦這麼做，我們就可以開始思考，建立一個永續且公正的社會，真正需要的是什麼。

## ◆以棄成長為目標的巴塞隆納

當然，巴塞隆納也主張引進太陽能發電與電動巴士等等，大膽的基礎建設改革。反緊縮政策與來自政府的財政刺激也是必要的。但是從氣候正義的觀點來看，這樣的大改革絕不能以全球南方的人民或自然環境為犧牲。為了不再造成犧牲，我們必須為資本主義的經濟成長打上休止符。

正因為如此，巴塞隆納宣言沒有鼓吹「綠色經濟成長」，而是斬釘截鐵地批判「為了恆久成長與利潤的無止境競爭」。

簡單來說，佛里曼等人的「綠色新政」和巴塞隆納「氣候緊急狀態宣言」的不同之處，終究是「經濟成長型」與「棄成長型」的差別。正因為有了向全球南方學習的態度，巴塞隆納對永續的未來社會，有了完全不同的想像。

巴塞隆納的這個做法，不就和晚期馬克思走過的路是一樣的嗎？不但向全球南方學習，同時也開拓新國際結盟的可能性。如果能這麼做，我們將能夠捨棄經濟成長與生產力至上主義，構想出重視「使用價值」的社會來。

## ◆傳統左派的問題

只要拿來和巴塞隆納追求的氣候正義作比較就能明白，傳統的馬克思主義一直擺脫不了成長的邏輯。社會主義努力試圖消除剝削，但同時卻想要讓自己國家的勞動階級，享受資本主義帶來的物質富裕。

以這個想法實現的未來社會，只是沒有資本家的存在而已，其他方面和現在的社會不會有任何差別。事實上過去的蘇聯就是如此。蘇聯用官僚管理國營企業，結果所形成的只是應該被稱為「國家資本主義」的代替品而已。

因為這樣，所以馬克思主義在面對「人類世」危機的時候，無法提出真正本質性的對策。儘管資本主義的矛盾嚴重到這個地步，馬克思主義卻無法停止衰退，就是這個緣故。

現在左派試圖抵抗的新自由主義，的確正在對勞動者進行更嚴重的剝削。其中特別是緊縮政策，造成社會保障的經費減少、非正式雇用增加、薪資降低，更因為民營化而讓公共服務解體，不斷降低我們的生活品質。

所以，我們只要要求國家施行反緊縮政策，進行更多的公共投資與再分配，讓財富回到勞動者身上，這樣就可以了嗎？當然，如果能克服長期的經濟停滯、恢復景氣，的確會比現狀好。

但如果只是反緊縮，無法阻止對自然的掠奪。如果只是恢復經濟，無法讓我們渡過「人類世」的危機。

## ◆為了「根本的豐裕」

既有左派的思考還有一個問題。反緊縮派的人認為，新自由主義的緊縮政策，正是稀有性的原因。如果這種想法是正確的，那麼透過政府注資來刺激更多的生產、追求更多的積累、讓經濟持續成長，就可以帶來豐裕的生活。然而，這是與資本主義親近的思考方式。換句話說，左派所提出來的、乍看革新的對策，其真正的內容卻是試圖維持現狀的保守思想。

這種程度的改革當然是不夠的。稀有性的原因並非新自由主義，而是資本主義本身。因此在這氣候危機的時代，我們需要的不是政策的轉換，而是痛下決心、往前一步，改變社會體系本身。脫離資本主義、實現棄成長以獲得「根本的豐裕」，才是晚期馬克思心目中真正的對策。

## ◆告別拖延時間的政治

所以，本書才會把焦點放在「公共財」，思考生產現場改革的可能性。同時，也才會批判只依賴政策、法律或制度變更的改革方式，是由上而下型的「政治主義」。本書還主張，政治並不能獨立在經濟之外，而是受到經濟制約的（請參照第五章）。

關於由上而下型的政治主義，我特別想要強調的問題是，當前的政治選項受到現狀的限制，只有非常狹小的可能性。從一開始本書就一再說明，不論是追求「綠色經濟成長」的綠色新政，或是地理工程學那樣的夢幻科技、現代貨幣理論（ＭＭＴ）之類的經濟政策，雖然表面上都為了應付危機，要求進行打破常識的大改變，但是在背後，卻拚命想要維護造成這危機的根本原因——資本主義。這是終極的矛盾。

像這樣的政治能做的只有一件事，就是把解決問題的迫切需求，延遲到未來。然而對現在的地球環境來說，這樣的拖延正是致命傷。最危險的事莫過於如此——人們因為表面的、虛應了事的對策而感到安心，停止認真思考我們所面臨的危機。基於同樣的理由，我們必須批判聯合國所提出的SDGs（永續發展目標）。我們需要的不是半吊子的解決方案。國際大石油公司、大銀行、還有GAFA那樣的電子通訊基礎設施，都必須將所有權回歸整體社會。簡單來說，我們需要轉變為革命性的共產主義。

不過，為了這些事責怪政治家，也沒有用。因為，即使是有關氣候變遷的對策，全球南方的人民或是未來的孩子們，都沒辦法投票。政治家這種生物，天生註定沒辦法思考比下次選舉更長遠的事。而且，大企業的獻金也會阻礙政治家做出大膽的決定。因此，為了正面迎戰氣候危機，我們非得徹底革新民主不可。

## ◆徹底革新經濟、政治、環境的三位一體

在當前的時代，革新民主這件事具有空前的重要性。因為，為了對抗氣候變遷，我們非使用國家的力量不可。

本書主張，「公共財」（common）——既非私有、亦非國有，而是以水平的方式共同管理生產手段——是共產主義的基礎。然而，那並不表示拒絕使用國家的力量。相反地，考慮到基礎設施的整備與產業轉變的需要，拒絕以國家作為解決手段是愚蠢的想法。否定國家的無政府主義，無法處理氣候危機。然而若是過分依賴國家，卻有陷入氣候毛澤東主義的危險。正因為如此，共產主義是唯一的選項。

這時候，為了不論為專家與政治家由上而下的統治型態，我們必須培育公民參與的主體性，反映市民意見的機制與過程必須制度化。這些都是不可或缺的。

為了這個目的——以國家的力量為前提——我們必須擴充「公共財」的領域，將民主延伸到議會之外，擴張到生產的次元。合作社、所有權的社會化、事業的「〝公民〞營化」就是個例子（請參照第六章）。

同時，議會民主制度本身也必須進行巨大的改革。如前所見，地方自治體層次的「自治主義」就是這樣的嘗試。至於在國家的層次，「公民議會」是另一種可能的模式（請參照第五章）。

生產的「公共財」化、自治主義、公民議會。如果公民成為主體，擴展參與式民主，那我們就有機會從最根本之處，討論自己想要居住在什麼樣的社會。換句話說，我們將可以用開放的形式，從頭開始討論工作的意義、生存的意義、以及自由與平等的意義。

從最根本之處重新思考意義，現在我們視為「常識」的觀念，將逐一破解。當那樣的時刻到來，真實的「政治」將超脫既有的框架而顯現。這正是「超越資本主義」、「革新民主」、「社會的去碳化」三位一體的企劃。透過擴大經濟、政治、環境的相乘效果，我們將能夠讓社會體系產生巨大的轉變。

## ◆躍向永續公正的社會

這個企劃的基礎，在於信賴與相互扶助。因為，一個缺乏信賴與相互扶助的社會，只能產生非民主的、由上而下的解決方案。

然而，我們所在的時代，相互扶助以及對他者的信賴，已經遭到新自由主義徹底的破壞。如今我們唯一能做的，就是以共同體、社區、地方自治體等等，這種人與人可以親身接觸的關係作為出發點，逐步恢復人與人的信賴關係。

或許有人會焦急——面對即將到來的氣候危機，這麼一步一腳印的緩慢活動方式，怎麼來得及？關於這一點，不需要擔憂。如今許多乍看只不過是地區性的共同體、地方自治體與社會運動，都正在與全世界的夥伴相互連結。為了對抗當代全球化的資本主義，各式各樣的地方性運動，已經開始構築世界性的運動網絡。「為了讓希望遍佈全世界，讓我們將戰鬥全球化！[9]」——這是「農民之道」送給我們的訊息。

然後，透過這樣的國際結盟，與資本對抗的經驗將帶給人們力量，改變人們的價值觀。人們將大大地擴展他們的想像力，開始思考從未想過的事情，將他們的想法付諸行動。

一旦共同體與社會運動勢如破竹地動起來，政治家也就不再懼怕推動更大的變化。巴塞隆納的市政與法國的公民議會，就是象徵性的例子。

這樣的情況，將會促進社會運動與政治的相互作用。由下而上的社會運動與由上而下的政黨政治，彼此都能發揮最大限度的力量。我們將開拓完全不同於「政治主義」的、民主的可能性。

一旦走到那一步，我們將告別無限經濟成長的幻想，躍向永續且公正的社會。緊閉的門扉，就要敞開。

當然，這奮力一躍的著地點，將會是以相互扶助與自治為基礎的棄成長共產主義。

結語

# 為了不讓歷史終結

馬克思的棄成長？你頭腦有問題嗎？——從我開始執筆撰寫本書的時候，就已經有了心理準備，這樣的批判會像亂箭一般從四面八方飛來。

在一般左派的認知裡，馬克思並沒有「棄成長」之類的想法。右派大概會嘲笑我，難道不知反省，還要重複一次蘇聯的失敗嗎？至於自由主義者，他們對「棄成長」這個字眼的反感，可是根深蒂固的。

儘管如此，我還是無法不動筆寫下本書。因為，在我以馬克思研究最新的成果為依據，開始分析氣候危機與資本主義的關係之後，我發現晚年馬克思所得到的結論，就是棄成長共產主義。而且我確信，那正是克服「人類世」危機最好的方法。

如果您從頭到尾讀完本書，應該會同意我的看法——若是要渡過環境危機、實現永續且公正的社會，「棄成長共產主義」是唯一的選項。

正如本書前半詳細的檢討所示，不論是「永續發展目標」或是「綠色新政」，都無法阻止氣候的變遷。追求「綠色經濟成長」的「氣候凱因斯主義」，終究只會讓「帝國生活模式」與「生態學帝國主義」更加根深蒂固而已。結果，不但不平等的情況會進一步擴大，整體地球的環境危機也會繼續惡化。

資本主義所引起的問題，不可能在繼續維護資本主義的狀況下得到解決。如果我們要開拓解決的道路，就必須徹底批判氣候變遷的根本原因，也就是資本主義。

更何況，事實上讓我們的生活困窘匱乏的，正是製造稀有性以獲得利潤的資本主義。以重建遭到資本主義破壞殆盡的「公共財」為目標的棄成長共產主義，才能賦予我們人性化、豐裕的生活。

如果繼續讓資本主義存活下去，人類的社會將在氣候危機造成的混亂當中，退回野蠻的狀態，這將是我們無法逃脫的命運。冷戰結束當時，法蘭西斯・福山高唱「歷史的終結」；後現代主義者則宣稱「大敘事」已經失效。然而，冷戰結束三十年後的今天，事情已經變得很清楚。不把資本主義當一回事的冷笑主義者，等在他們面前的是完全預想之外的另一種「歷史的終結」——「文明的終結」。正因為如此，我們非團結起來，為資本踩下緊急煞車，建立棄成長共產主義不可。

◆

只不過話雖如此，我們都全身浸泡在資本主義的生活裡太久，已經完全習慣了。應該有很多人，就算在大方向上贊同本書所揭示的理念與內容，但是站在「體系轉換」

這個過於巨大的課題之前，不知道應該做些什麼，而感到無所適從吧！

當然，因為我們要對抗的是資本主義，以及支配這一切的、僅佔世界總人口一%的超富階層，事情並不是買個環保購物袋、或是個人用水瓶那麼簡單。毫無疑問地，這將是場艱困的「戰鬥」。為了一個不知道會不會成功的計畫，竟然要動員九九%的人，這怎麼可能！——或許讀者們會這麼想，而感到退縮也說不定。

但是，還有另外一個數字——「三．五%」。各位知道這是什麼數字嗎？根據哈佛大學政治學家艾瑞卡．車諾維斯（Erica Chenoweth, 1980-）等人研究，只要有「三．五%」的人以非暴力的方式真摯地挺身而出，社會就能產生巨大的變化。

舉例來說，在菲律賓推翻馬可仕獨裁政權的「人民力量革命」（一九八六）、迫使喬治亞總統謝瓦爾德納澤辭職的「玫瑰革命」（二〇〇三），都是「三．五%」的非暴力市民不服從運動所帶來的社會變革。

不只如此。紐約的佔領華爾街運動、巴塞隆納的靜坐示威，最初都是從少數幾個人開始的。格蕾塔．童貝里的「為氣候罷課」，只有她一個人。發明「一% vs. 九九%」的佔領華爾街運動，連接力輪替的也算進去，真正參加靜坐的人數大概只有幾千人吧！

儘管人數不多，這些大膽的抗議活動對社會造成很大的衝擊。示威演變成數萬～數十萬人的規模，相關影片在SNS的點閱數則高達數十萬、甚至數百萬人次。一旦發展到這個地步，這些運動的訴求就會化為選舉中的數百萬選票。這正是社會變革之道。

要聚集三．五％關心資本主義與氣候變遷問題、願意熱心付出的人，應該是做得到的，不是嗎？不僅如此，至少在日本，如果有比這個數字更多的人，對資本主義造成的貧富不均與環境破壞感到憤怒，有足夠的想像力、願意為未來世代與全球南方一起戰鬥，也絲毫不足為奇。這些人將會抱著大膽的決心，代替那些因為各種理由暫時無法行動的人，率先行動。

成立勞動者合作社也好，罷課也好，從事有機農業也好。甚至競選地方議員也可以。參與環境NGO的活動也很重要。召集夥伴、興辦屬於市民的電力事業也很好。當然，要求自己上班的企業提出認真嚴格的環境對策，也是巨大的一步。如果要縮短勞動時間、實現生產的民主化，除了透過工會別無他途。

更進一步連署支持氣候緊急狀態宣言，也是該做的事；也必須透過社會運動，要求富人階級負擔更多的環境成本。同時在這個過程中，發展相互扶助的網絡，讓它變得更強韌有力。

馬上就可以做、馬上就應該做的事，要多少有多少。所以，我們不能用「體系改革的課題過於巨大」來當作什麼都不做的藉口。對三．五％來說，任何一個人的參與都有絕對的重要性。

過去因為我們的漠不關心，一％的富人階級與菁英階級得以隨心所欲地改變遊戲規則，以自己的價值觀，來塑造社會的結構與利害關係。

但是，也差不多是時候，該明確地對他們說「NO！」了。讓我們丟掉冷笑主義，好叫他們見識一下九九％的力量。關鍵是，首先從三．五％開始，而且現在就立刻行動。一旦我們的行動發展成巨大的浪潮，毫無疑問地，資本的力量將受到限制，民主將得到嶄新的面貌，零碳社會也將實現。

◆

本書在一開頭就說明，所謂的「人類世」，是資本主義製造的人工物——也就是負擔與矛盾——覆蓋全地球的時代。不過，從資本主義造成地球的破壞這一點來說，或許我們不應該稱呼當今的時代為「人類世」，而應該稱之為「資本新世」才更為恰當。

但是，如果人們能集合彼此的力量，團結起來一起守護我們唯一的故鄉——地球，不讓它在資本的專制下受到傷害，那時候我們就可以用肯定的態度，稱呼那嶄新的時代為「人類世」。這本《人類世的資本論》就是為了找尋那投向未來的一絲光明，對資本進行了徹底的分析。

讀完本書的你，是否會加入那三・五%？世界的未來，就繫於你的決定。

*Nonviolent Conflict* (New York: Columbia University Press, 2012). 作為總整理，請參閱David Robson, "The '3.5% rule': How a small minority can change the world," *BBC*: https://www.bbc.com/future/article/20190513-it-only-takes-35-of-people-to-change-the-world（最後檢索日期：二〇二〇年五月二十四日）。車諾維斯等人的研究，對「反抗滅絕」運動有直接的影響。

本書受到JSPS科研費青年研究「環境危機時代的棄成長與綠色新政的批判性整合」（20K13466）以及韓國研究財團NRF-2018S1A3A2075204之資助。本書的內容，就是此次研究的成果。

## 第八章　以「氣候正義」作為槓桿

1， *This Isn't a Drill: Climate Emergency Declaration*: https://www.barcelona.cat/emergenciaclimatica/sites/default/files/2020-01/Climate_Emergency_Declaration.pdf（最後檢索日期：二〇二〇年五月二十二日）

2， 廣田裕之「カタルーニャ州における連帯経済の現況―バルセロナ市を中心として」、集広社ホームページ：https://shukousha.com/column/hirota/4630/（最後檢索日期：二〇二〇年七月二十八日）

3， *Climate Emergency Declaration*, op. cit., 5.

4， 岸本聰子『水道、再び公営化――欧州・水の闘いから日本が学ぶこと』集英社新書、二〇二〇年、第七章。還有，本章關於自治主義的論述，有許多得自岸本氏的啟發，謹在此誠摯致謝。

5， *7 Steps to Build a Democratic Economy: The Future is Public Conference Report, 7*: https://www.tni.org/files/publication-downloads/tni_7_steps_to_build_a_democratic_economy_online.pdf（最後檢索日期：二〇二〇年五月二十二日）

6， Andrew Bennie, "Locking in Commercial Farming: Challenges for Food Sovereignty and the Solidarity Economy," in Vishwas Satgar (ed.), *Co-Operatives in South Africa: Advancing Solidarity Economy Pathways from Below* (Pietermaritzburg: University of KwaZulu-Natal Press, 2019), 216.

7， SAFSC的網站主頁：https://www.safsc.org.za/（最後檢索日期：二〇二〇年五月二十二日）

8，『全集』第三二卷、三三六頁。

9，「国際農民組織ビア・カンペシーナとは？」、「しんぶん赤旗」二〇〇八年七月一七日：https://www.jcp.or.jp/akahata/aik07/2008-07-17/ftp20080717faq12_01_0.html（最後檢索日期：二〇二〇年五月二十二日）

## 結語　為了不讓歷史終結

1， Erica Chenoweth and Maria J. Stephan, *Why Civil Resistance Work: The Strategic Logic of*

移動的頻率反而提高了。從這個例子可以看出，為了面對危機的瞬間，平時的準備是多麼重要。

10，Rob Hopkins, *From What is to What If: Unleashing the Power of Imagination to Create the Future We Want* (White River Junction: Chelsea Green Publishing Company, 2019), 126.

11，Fredric Jameson, *An American Utopia: Dual Power and the Universal Army*. Ed. Slavoj Žižek. (London and New York: Verso, 2016).

12，Manuel Castells, *The City and the Grassroots: A Cross-Cultural Theory of Urban Social Movements* (London: E. Arnold, 1983). 順帶一提，因為我在『未来への大分岐』中批判「政治主義」，受到某些人的批判，認為我輕視政治。但那是誤解。這裡的重點是，如果沒有社會運動，政黨也無法發揮作用。在我們引用的文章之後，卡斯提爾繼續說下去：「如果沒有政黨，如果沒有開放式的政治體系，不僅社會運動所帶來的各種新價值、新要求、新欲求都將衰退（不論任何情況，一直都是如此），甚至連創造社會改革與制度革新的火苗，都將熄滅」。

13，Carl-Erich Vollgraf的論文（收錄在岩佐茂・佐々木隆治編著『マルクスとエコロジー—資本主義批判としての物質代謝』堀之内出版、二〇一六年）提出這樣的意見（二七六頁）。

14，當然，如果失業率升高則失去意義，因此「工作分享」是必要的。而且，如果只是工作分享，將導致薪資的降低，因此「薪資提高的工作分享」是關鍵。

15，水野和夫『閉じてゆく帝国と逆説の21世紀経済』集英社新書、二〇一七年、二二三～二二五頁。

16，Victor, *Managing without Growth*, 第二章註6前揭書，頁一二七—一二八。

17，『資本論草稿集』②、三四〇頁。

18，『全集』第一九卷、二一頁。

19，David Graeber, "Against Economics," *The New York Review of Books* (December 2019): https://www.nybooks.com/articles/2019/12/05/against-economics/（最後檢索日期：二〇二〇年五月二十二日）

20，今野晴貴『ストライキ2.0—ブラック企業と闘う武器』集英社新書、二〇二〇年、六八～七一頁。

21，Naomi Klein, *On Fire: The [Burning] Case for a Green New Deal* (New York: Simon & Schuster, 2019), 251.

21，『資本論』第三巻、一四三四～一四三五頁。
22，就像法國環境社會主義者科內利烏斯·卡斯托里亞迪斯(Cornelius Castoriadis)所說，「社會的自治的問題，同時也是社會的自我一管理的問題」。Cornelius Castoriadis and Daniel Cohn-Bendit. *De l'écologie à l'autonomie*（從生態到自治），1981.
23，Giorgos Kallis, *Limits: Why Malthus Was Wrong and Why Environmentalists Should Care* (Stanford: Stanford University Press, 2019).

## 第七章　棄成長共產主義將拯救世界

1，"*The Boogaloo: Extremists' New Slang Term for A Coming Civil War,*" ADL: https://www.adl.org/blog/the-boogaloo-extremists-new-slang-term-for-a-coming-civil-war（最後檢索日期：二〇二〇年七月二十八日）
2，マイク・デイヴィス「疫病の年に」マニュエル・ヤン訳、「世界」二〇二〇年五月号、三八頁。
3，Slavoi Zizek, *The Courage of Hopelessness*, 第三章註17前揭書，頁六七一六八。
4，Thomas Piketty, *Capital et Idéologie* (Paris: Seuil, 2019), 1112. 中譯本為托瑪·皮凱提著，徐麗松、陳郁雯、陳秀萍、黃明玲譯，《資本與意識形態》（新北市：衛城出版，2022年），下冊，五一二頁。
5，Ibid., 60.
6，舉例來說，「自治」（法文autogestion,「自我管理」之意）是卡斯托里亞迪斯愛用的關鍵字。コルネリュウス・カストリアディス『社会主義の再生は可能かーマルクス主義と革命理論』江口幹訳、三一書房、一九八七年、二二四頁。
7，Alexander and Gleeson, *Degrowth in the Suburbs*, 第二章註11前揭書，頁一七九。
8，木村つぐみ「コペンハーゲン市に『公共』の果樹。街全体を都市果園に」: https://ideasforgood.jp/2020/01/18/copenhagen-public-fruit/（最後檢索日期：二〇二〇年五月十五日）
9，因為意識到這樣的問題，新冠肺炎的封鎖解除之後，歐洲的許多城市開始禁止汽車進入、或是大幅度擴充自行車道。其中最具企圖心的，是義大利的米蘭市。這些措施和日本的情形剛好形成對照——因為新冠肺炎的流行，日本人以自用汽車思考這個問題。John Bellamy Foster and Brett Clark, *The Robbery of Nature: Capitalism and the Ecological Rift* (New York: Monthly Review Press, 2020), 158.

10，James Suzman, *Affluence Without Abundance: The Disappearing World of the Bushmen* (New York: Bloomsbury USA, 2017)，中譯本為：詹姆斯．舒茲曼著，黃楷君譯，《原始富足：布希曼族的生存之道，以及他們能教給我們什麼？》（新北市：八旗出版，2020年）。另外，關於這一點，格雷伯引述了馬歇爾．薩林斯所講的一個故事，充滿機智、非常有趣。那是薩摩亞群島的居民，對傳教士的說教所開的玩笑。非常希望讀者能看看這本書。David Graeber, *Debt: The First 5,000 Years* (New York: Melville House, 2011)，中譯本為：大衛．格雷伯著，羅育興、林曉欽譯，《債的歷史：從文明的初始到全球負債時代》（台北市：商周出版，2013年）。

11，關於奴隸制與雇傭勞動的關係，植村邦彥『隠された奴隷制』的第四章有非常詳盡的論述。集英社新書、二〇一九年。

12，『資本論草稿集』①、三五四頁。

13，Naomi Klein, *No Logo: No Space, No Choice, No Jobs* (Toronto: Knopf Canada, 1999)，中譯本為娜歐蜜．克萊恩著，徐詩恩譯，《NO LOGO：顛覆品牌統治的反抗運動》（台北市：時報文化出版企業股份有限公司，2003）。

14，Foster and Clark, *The Robbery of Nature*，本章註9前揭書，頁253。關於廣告對消費行為的影響。

15，和田武、豊田陽介、田浦健朗、伊東真吾編著『市民．地域共同発電所のつくり方―みんなが主役の自然えねるぎー普及』かもがわ出版、二〇一四年、一二～一八頁。

16，『全集』第一六巻、一九四頁。

17，『全集』第一七巻、三二〇頁。

18，ヨハン．モスト原著、カール．マルクス加筆．改訂『マルクス自身の手による資本論入門』（馬克思親手製作的資本論入門）大谷禎之介訳、大月書店、二〇〇九年。請參閱該書一六五頁的譯者註釋。

19，Alternative Models of Ownership: https://labour.org.uk/wp-content/uploads/2017/10/Alternative-Models-of-Ownership.pdf（最後檢索日期：二〇二〇年五月十五日）

20，Jason Hickel, "Degrowth: a theory of radical abundance," *Real-World Economics Review*, no. 87 (2019): 54-68.

日：https://www.asahi.com/articles/ASM1Q3PGGM1QUHBI00G.html（最後檢索日期：二〇二〇年五月十五日）

## 第六章　匱乏的資本主義，豐裕的共產主義

1，當然，他們並不是突然就成為勤勉的勞動者。一開始他們變成遊民、乞丐、盜賊，威脅都市的治安。他們之所以成為守時、認真的勞動者，是透過國家的暴力施予紀律訓練的結果。

2，Andreas Malm, *Fossil Capital: The Rise of Steam Power and the Roots of Global Warming* (London: Verso, 2016)

3，提倡「靜態經濟」的美國著名環境經濟學家赫爾曼・戴利，讓「羅德岱爾悖論」再次受到世人矚目。Herman E. Daly, "The Return of Lauderdale's Paradox," *Ecological Economics* 25, no. 1, (1998): 21-23.

4，James Maitland, Earl of Lauderdale, *An Inquiry into the Nature and Origin of Public Wealth: and into the Means and Causes of its Increase* (Edinburgh: Archibald Constable and Co., 1819), 58. 傍點為引用者所加。

5，Ibid., 53-55.

6，Stefano B. Longo, Rebecca Clausen, and Brett Clark, *The Tragedy of the Commodity: Oceans, Fisheries, and Aquaculture* (New Brunswick: Rutgers University Press, 2015).「公地（公共財）的悲劇」認為，如果不特定的多數人可以一起使用公地或公共財，人們將會爭先恐後地搶奪，最終導致資源的枯竭。但這種想法，根本上是錯的。相反地，經濟學家歐玲在她獲得諾貝爾獎的研究指出，許多案例顯示，公地或公共財的制度形成了可以永續的生產。Elinor Ostrom, *Governing the Commons: The Evolution of Institutions for Collective Action* (Cambridge: Cambridge University Press, 2015).

7，David Harvey, *The New Imperialism* (Oxford: Oxford University Press, 2003).

8，「米富裕層の資産、コロナ禍の3ヶ月で62兆円増える」（美國富人階層的資產，在新冠肺炎災禍的三個月間增加了62兆日圓）：https://www.cnn.co.jp/business/35154855.html 最後檢索日期：二〇二〇年六月二十二日）

9，近年來，有些人將這個矛盾稱為「財富的悖論」，在參考羅德岱爾的同時，進一步

33，『全集』第一九巻、三九三頁。

34，『全集』第一九巻、二一頁、傍點為引用者所添加。我所指出的這一點，來自佐佐木隆治的啟示。今後應仔細研讀這時期的筆記，以佐證我的主張。

## 第五章　逃避現實的加速主義

1， Aaron Bastani, *Fully Automated Luxury Communism: A Manifesto* (London: Verso, 2019), 38.

2， Bruno Latour, "Love Your Monsters: Why We Must Care for Our Technologies as We Do Our Children," *Breakthrough Journal* no.2 (2011): 19-26.

3， Nick Srnicek and Alex Williams, *Inventing the Future: Postcapitalism and a World Without Work* (London: Verso, 2015), 15.

4， Bastani, *Fully Automated Luxury Communism*，本章註1前揭書，頁一九五。

5， 關於「政治主義」，請參閱前揭『未来への大分岐』(《朝向未來的大分歧》) 第一部第二章。

6， 關於公民議會的動向，請參閱《世界》雜誌二〇二〇年六月號，三上直之「気候変動と民主主義—欧州で広がる気候市民会議」(〈氣候變遷與民主——在歐洲日益普及的氣候公民會議〉)。

7， 羅伯・霍普金斯（Rob Hopkins）說得很嚴厲。「這絕非言過其實——從實踐技能的觀點來看，生活在西方社會的我們，是目前為止曾經生存在地球上的所有人類當中，最沒有用的世代」(*The Transition Handbook*, 2008)。或者用伊凡・伊里奇（Ivan Illich）的話來說，這種無力化是「根本性的獨佔」(*Energy and Equity*, 1974)。

8， Harry Braverman, *Labor and Monopoly Capital: The Degradation of Work in The Twentieth Century* (New York: Monthly Renew Press, 1974).

9，『資本論』第三卷、一四三五頁。

10，André Gorz, *Écologica* (Paris: Galilée, 2008), 48.

11，Ibid., 16.

12，「『裕福26人の資産』=『38億人分』　なお広がる格差」(「26個富人的資產」=「38億人份」仍在繼續擴大的貧富差距)，《朝日新聞》電子版，二〇一九年一月二十二

11，『全集』第三二卷、四五頁。

12，舉例來說，Suniti Kumar Ghosh, "Marx on India," *Monthly Review* 35, no. 8, (1984): 39-53.

13，『資本論』第一卷、一〇頁。

14，Edward Said, *Orientalism* (New York: Pantheon Books, 1978)，中譯本為愛德華・薩伊德著，王志弘、王淑燕、莊雅仲等譯，《東方主義》(新北市：立緒，1999)。

15，『全集』第九卷、一二七頁。

16，『全集』第九卷、二一三頁。

17，『資本論草稿集』、一六〇～一六一頁。這樣的言論，也可以解讀為對極權主義的肯定。

18，『全集』第十九卷、三九二頁。

19，『全集』第四卷、五九三頁。

20，Kevin B. Anderson, *Marx at the Margins: On Nationalism, Ethnicity, and non-Western Societies* (Chicago: University of Chicago Press, 2010).

21，舉例來說，和田春樹『マルクス・エンゲルスと革命ロシア』(《馬克思、恩格斯與革命俄羅斯》)(勁草書房)、一九七五年。英語圈方面，則有Teodor Shanin (ed.) *Late Marx and the Russian Road: Marx and 'the peripheries of capitalism'* (New York: Monthly Review Press, 1983).

22，Georg Ludwig von Maurer, *Geschichte der Dorfverfassung in Deutschland* (Erlangen: Ferdinand Enke, 1865), 313.

23，『全集』第三二卷、四三頁。

24，『全集』第三二卷、四四頁。

25，『資本論』第三卷、一四五四頁。

26，『全集』第一九卷、三八九頁。

28，『全集』第一九卷、二三八頁。

29，MEGA I/25, S. 220.『全集』第一九卷，三九二頁。

30，『全集』第一九卷，二一頁。

31，舉例來說，G. A. Cohen, *Self-Ownership, Freedom, and Equality* (Cambridge: Cambridge University Press, 1995), 10.

32，『資本論』第三卷、一四二〇頁。傍點為引用者所添加。

一六二～一六三頁。

15，佐伯啟思『経済成長主義への訣別』新潮社、二〇一七年、七九頁、三二頁。

16，Joseph E. Stiglitz, *People, Power, and Profits: Progressive Capitalism for an Age of Discontent* (New York: W. W. Norton Company, 2019).

17，Slavoi Zizek, *The Courage of Hopelessness: Chronicles of a Year of Acting Dangerously* (London: Allen Lane, 2017).

18，広井良典『ポスト資本主義—科学・人間・社会の未来』岩波新書、二〇一五年、v頁。最近的相沢幸悦『定常型社会の経済学—成長・拡大の呪縛からの脱却』(ミネルヴァ書房、二〇二〇年）也有同樣的主張。

19，Kate Raworth, *Doughnut Economics*, 本章註2前揭書。

20，水野和夫『資本主義の終焉と歴史の危機』第一章註11前揭書，一八〇頁。

## 第四章 「人類世」的馬克思

1， Antonio Negri and Michael Hardt, *Empire* (Cambridge Mass: Harvard University Press, 2000).

2， 宇沢弘文『社会的共通資本』岩波新書、二〇〇〇年、五頁。

3， Karl Marx, *Das Kapital* Band I, in *Marx-Engels-Werke* Band 23 (Berlin: Dietz Verlag 1972), 791.

4， Joseph E. Stiglitz, *People, Power, and Profits,* 第三章註16前揭書。

5， David Graeber, *The Utopia of Rules: On Technology, Stupidity, and the Secret Joys of Bureaucracy* (New Jersey: Melville House, 2015).

6， 馬克思、恩格斯《共產黨宣言》。

7，『資本論』第一卷、三〇四頁。

8， Karl Marx, *Marx-Engels-Gesamtausgabe*, II. Abteilung Band 4.2 (Berlin: Dietz Verlag, 1993), 752-753.《資本論》第三卷。這個地方馬克思的草稿與現行版的《資本論》文字不同，於是我參照原稿，更改了翻譯。

9，『資本論』第一卷、八六八頁。

10，斎藤幸平『大洪水の前にーマルクスと惑星の物質代謝』，前揭書，第五章。

3，Daniel W. O'Neill et al., "A good life for all within planetary boundaries," *Nature Sustainability* 1 (2018): 88-95.

4，Kate Raworth, "A Safe and Just Space for Humanity," *Oxfam Discussion Paper* (2012), 19. 話雖如此，也有些意見會認為，將貧困線訂在1.25美元/日，這個數值訂得太低了吧。拉沃斯舉出的這個數字是二〇一二年訂定的；後來世界銀行又將貧困線修訂為1.9美元/日。當然，還是有人認為這樣不夠，若不將貧困線訂在10美元/日就沒有意義，而提出批判。不過，貧困線提得越高，為了解決問題必須追加的環境負擔也會增加，要實現甜甜圈經濟，也就越加困難。

5，「世界平均壽命排名，男女國別順位，WHO 2018年版」。MEMORVA: https://memorva.jp/ranking/unfpa/who_whs_life_expectancy.php（最後檢索日期：二〇二〇年五月十五日）

6，O'Neill et al., "A good life for all withing planetary boundaries," 本章註3前引文，頁九二。

7，Joel Wainwright and Geoff Mann, *Climate Leviathan: A Political Theory of Our Planetary Future* (London: Verso, 2018). 在這本書裡，也討論了人類的四種未來。

8，Wolfgang Streeck, *Buying Time: The Delayed Crisis of Democratic Capitalism* (New York: Verso, 2014.

9，《中日新聞》二〇一七年二月十一日早報，上野千鶴子在「考える広場」裡的發言。

10，Frank Newport, "Democrats More Positive About Socialism Than Capitalism." *Gallup*, August 2018
https://news.gallup.com/poll/240725/democrats-positive-socialism-capitalism.aspx（最後檢索日期：二〇二〇年五月十五日）

11，事實上，伊莉莎白·華倫（Elizabeth Ann Warren）以半吊子的「綠色新政」作為政見，在選舉中落敗了。半桶水、半吊子的解決方案，是無法得到「左傾世代」支持的。關於「左傾世代」，請參考Keir Milburn, *Generation Left* (Cambridge: Polity, 2019).

12，Giacomo D'Alisa et al. (ed.), *Degrowth: A Vocabulary for a New Era* (London: Routledge, 2015) 彙整了新時代的各種議論，對我們很有幫助。

13，セルジュ·ラトゥーシュ（Serge Latouche）『経済成長なき社会発展は可能か？―〈脱成長〉と〈ポスト開発〉の経済学』中野佳裕訳、作品社、二〇一〇年、二四六頁。

14，広井良典『定常型社会―新しい「豊かさ」の構想』岩波新書、二〇〇一年、

circularity-gap-report-2020

21，Samuel Alexander and Brendan Gleeson, *Degrowth in Suburbs: A Radical Urban Imaginary* (New York: Palgrave Macmillan, 2019), 77. 二氧化碳排放量無法減少的原因之一，就是因為發展中國家的經濟發展，導致今後燃油車還會繼續增加的緣故。

22，Guillaume Pitron, *La Guerre des Metaux Rares* (New York: French and European Publications Inc, 2018).

23，Kevin Anderson and Glen Peters, "The trouble with negative emissions," *Science* 354, issue 6309 (2016): 182-183. 日文可以讀到的批判，請參考バーツラフ・シュミル『エネルギーの不都合な真実—原発、バイオ燃料、太陽光、風力発電、天然ガス、どの選択が正しいのか』立木勝訳、エクスナレッジ、二〇一二年、第五章。

24，來自巴塔哥尼亞的電影《ARTIFISHAL》的副標題。

25，Vaclav Smil, *Growth: From Microorganisms to Megacities* (Cambridge, MA: The MIT Press, 2019), 511. Smil 在回答 *The Guardian*的訪問時，明確地表示「成長一定得停止」。https://www.theguardian.com/books/2019/sep/21/vaclav-smil-interview-growth-must-end-economists（最後檢索日期：二〇二〇年五月十五日）. 希望讀者們能對照比較，Smil以龐大的資料、數據作為佐證的主張，以及Rifkin與諸富徹『資本主義の新しい形』（岩波書店、二〇二〇年）的「非物質化」與「脫鉤」等等、樂觀的言論。

26，Jackson, *Prosperity without Growth*, 本章註7前揭書，頁一四三。

27，Naomi Klein, *This Changes Everything: Capitalism vs. The Climate* (New York: Simon & Schuster, 2014).

## 第三章　破除「在資本主義體系內棄成長」之幻想

1，Jason Hickel, *The Divide: A Brief Guide to Global Inequality and its Solutions* (Londn: Windmill Books, 2018) 是具有代表性的批判。至於來自生態學觀點的批判，則有Hermann Edward Daly的 *Beyond Growth: The Economics of Sustainable Development,* 1996.

2，Kate Raworth, *Doughnut Economics: Seven Ways to Think Like a 21st-Century Economist* (New York: Random House, 2017)，中譯本為：凱特・拉沃斯著，范堯寬、溫春玉譯，《甜甜圈經濟學：破除成長迷思的7個經濟新思考》（台北市：今周刊出版，2020年）。

change and environmental limits," in Roger Fouquet (ed.), *Handbook on Energy and Climate Change* (Cheltenham: Edward Elgar Publishing 2013), 632.

6，Peter A. Victor, *Managing without Growth: Slower by Design, not Disaster* 2nd ed. (Cheltenham: Edward Elgar Publishing 2019), 15.

7，Tim Jackson, *Prosperity without Growth*, 2nd edition (London: Routledge 2017), 89.

8，William D. Nordhaus, *The Climate Casino.* 第一章註3前揭書。

9，Tim Jackson, *Prosperity without Growth,* 本章註7前揭書，頁八七、一〇二。

10，Ibid., 92.

11，Jeremy Rifkin, *The Green New Deal: Why the Fossil Fuel Civilization Will Collapse by 2028, and the Bold Economic Plan to Save Life on Earth* (New York: St. Martin's Press, 2014).

12，"Climate crisis 11,000 scientists warn of 'untold suffering'," *The Guardian*, https://www. https://www.theguardian.com/environment/2019/nov/05/climate-crisis-11000-scientists-warn-of-untold-suffering（最後檢索日期：二〇二〇年五月十五日）

13，Oxfam Media Briefing, "Extreme Carbon Inequality" December 2015

14，Kevin Anderson, "Response to the IPCC 1.5°C Special Report": https:// https://blog.policy.manchester.ac.uk/posts/2018/10/response-to-the-ipcc-1-5c-special-report/（最後檢索日期：二〇二〇年五月十五日）

15，Kate Aronoff et al., *A Planet to Win: Why We Need a Green New Deal* (London: Verso, 2019), 148-149.

16，アムネスティ・インターナショナル「命を削って掘る鉱石―コンゴ民主共和国における人権侵害とコバルトの国際取引」: https://www.amnesty.or.jp/library/report/pdf/drc_201606.pdf（最後檢索日期：二〇二〇年五月十五日）

17，"Apple and Google named in US lawsuit over Congolese child cobalt mining deaths," *The Guardian*: https://www.theguardian.com/global-development/2019/dec/16/apple-and-google-named-in-us-lawsuit-over-congolese-child-cobalt-mining-deaths（最後檢索日期：二〇二〇年五月十五日）

18，Thomas O. Wiedmann et al., "The Material Footprint of Nations," *Prceedings of the National Academy of Sciences of the United States of America* 112, no. 20 2015): 6271-6276.

19，Victor, *Managing without Growth*, 本章註6前揭書，頁一〇九。

20，*The Circularity Gap Report 2020*: https://www. https://www.circle-economy.com/resources/

一四一頁。

23，Bill Mckibben, *Deep Economy: The Wealth of Communities and the Durable Future* (New York: Times Books, 2007).

24，"Auf der Flucht vor dem Klima?," *FAZ*: https://www.faz.net/aktuell/wissen/klima/gibt-es-schon-beute-klimafluechtlinge-14081159-p2.html（最後檢索日期：二〇二〇年五月十五日）

25，"The unseen driver behind the migrant caravan: climate change," T*he Guardian*: https://www.theguardian.com/world/2018/oct/30/migrant-caravan-cause-climate-change-central-america（最後檢索日期：二〇二〇年五月十五日）

26，Immanuel Wallerstein, Randall Collins, Michael Mann, Georgi Derluguian, and Craig Calhoun, *Does Capitalism Have a Future?* (Oxford: Oxford University Press, 2013)

27，Immanuel Wallerstein, *World-System Analysis: An Introduction* (North Carolina: Duke University Press, 2004).

## 第二章　氣候凱因斯主義的極限

1，Thomas Friedman, *Hot, Flat, and Crowded: Why We Need a Green Revolution—And How It Can Renew America* (New York: Farrar Straus Giroux, 2008)，中譯本為湯馬斯・佛里曼《世界又熱、又平、又擠》(台北市：天下文化，2020年)。

2，The New Climate Economy, *Unlocking the Inclusive Growth Story of the 21st Century: Accelerating Climate Action in Urgent Times*, 10: https//newclimateeconomy.report/2018.wp-content/uploads/sites/6/2019/04/nce_2018Report_Full_FIMAL.pdf（最後檢索日期：二〇二〇年五月十五日）

3，Johan Rockström,『小さな地球の大きな世界―プラネタリー・バウンダリーと持続可能な開発』谷淳也ほか訳、丸善出版、二〇一八年、七九頁。

4，Johan Rockström, "Önsketänknande med grön tillväxt-vi Måsteagera," Svenska Dagblander. https://svd.se/onsketankande-med-gron-tillvaxt-vi-maste-agera/av/johan-rockstrom（最後檢索日期：二〇二〇年五月十五日）

5，Cameron Hepburn and Alex Bowen, "Prosperity with growth: Economic growth, climate

1 (2005): 57-77.

13，マルクス・ガブリエル、マイケル・ハート、ポール・メイソン、斎藤幸平『資本主義の終わりか、人類の終焉か？——未来への大分岐』集英社新書、二〇一九年、一五六～一五七頁。

14，Paul R. Ehrlich and Ann Ehrlich, *The Population Explosion* (New York: Simon & Schuster, 1990).

15，格蕾塔在COP24演講的日語版全文，登載在以下網站：https://www.cnn.co.jp/world/35130247.html（最後檢索日期：二〇二〇年五月十五日）

16，David Wallace-Wells, *The Uninhabitable Earth: Life After Warming* (New York: Tim Duggan Books, 2019)，中譯本為：大衛・華勒斯—威爾斯著，張靖之譯，《氣候緊急時代來了：從經濟海嘯到瘟疫爆發，認清12大氣候風險與新生存模式》（台北市：天下雜誌，2020年）。

17，節錄自二〇一九年四月二十三日，於英國國會的演講。https://www.theguardian.com/environment/2019/apr/23/gretathunberg.full-speech-to-mps-you-did-not-act-in-tme（最後檢索日期：二〇二〇年五月十五日）

18，斎藤幸平『大洪水の前にーマルクスと惑星の物質代謝』堀之内出版、二〇一九年、第四章。

19，"Researchers dramatically clean up ammonia production and cut costs": https://phys.org/news/2019-04-ammonia-proguction.html（最後檢索日期：二〇二〇年五月十五日）

20，Fredrick B. Pike, *The United States and the Andean Republics: Peru, Bolivia, and Ecuador* (Cambridge MA: Harvard University Press, 1977), 84.

21，雖然「生態學帝國主義」這個用詞是因為阿爾弗雷德・克羅斯比（Alfred W. Crosby）而出名，但我在這裡所依據的是以下的論述：Brett Clark and John Bellamy Foster，"Ecological Imperialism and the Global Metabolic Rift: Unequal Exchange and the Guano/ Nitrates Trade," *International Journal of Comparative Sociology* 50, no.3-4 (2009): 311-334. 藤原辰史『稲の大東亜共栄圏—帝国日本の〈緑の革命〉』（吉川弘文館、二〇一二年）也使用了「生態學帝國主義」的概念，談論了與阿爾弗雷德・克羅斯比的差異。布雷特・克拉克（Brett Clark）與約翰・貝拉米・福斯特（John Bellamy Foster）的立場，也比較接近藤原。

22，森さやか「コロナがもたらす人道危機」「世界」二〇二〇年六月号、一四〇～

辨？》（台北市：寶鼎，2019年）。從這本書的論述也可以看出來，後來諾德豪斯將他主張的氣溫上升限制，訂得稍微嚴格了一些。儘管如此，他修正後的目標二～三℃，與一般認為的限度一·五～二℃差很多。他甚至還說二℃的目標「不是那麼科學」。

4， Nina Chestney, "Climate policies put world on track for 3.3℃ warming: study," Reuters: https://www.reuters.com/article/us-climate-change-accord-warming-idUSKBN1OA0Z2（最後檢索日期：二〇二〇年五月十五日）

5， Climate Central, "Surging Seas, Sea Level Analysis,"https://sealevel.climatecentral.org/maps/（最後檢索日期：二〇二〇年五月十五日）

6， Climate Central, "New Report and Maps: Rising Seas Threaten Land Home to Half a Billion" : https://sealevel.climatecentral.org/news/global-mapping-choices（最後檢索日期：二〇二〇年六月三十日）

7， Will Steffen et al. "The Trajectory of the Anthropocene: The Great Acceleration." *The Anthropocene Review, 2, no.1, 2015.*

8， Ulrich Brand and Markus Wissen, *Imperiale Lebensweise: Zur Ausbeutung von Mensch und Naturi m Globalen Kapitalismus* (Munich: oekom, 2017), 64-65.

9， 電影《時尚代價》（*The True Cost*）很適合讓我們認識這一連串的問題。

10， Stephan Lessnich, *Neben uns die Sintlfut: Wie wir auf Kosten anderer leben* (Munich: Piper, 2018), 166.

11，水野和夫『資本主義の終焉と歴史の危機』集英社新書、二〇一四年。

12，當然，有很多人受到華勒斯坦的影響，分析了掠奪自然的問題。其中之一就是 Stephen G. Bunker 探討巴西亞馬遜河問題的名著，"Modes of Extraction, Unequal Exchange, and the Progressive Underdevelopment of an Extreme Periphery: The Brazilian Amazon, 1600-1980." *American Journal of Sociology* 89, no. 5 (1984): 1017-1064. 其後，這個分析的方式進一步得到發展，被稱為「生態學的不等價交換」(ecologically unequal exchange)。代表性的作品，有下列幾部：Alf Hornborg, "Towards an ecological theory of unequal exchange: Articulating world system theory and ecological economics," *Ecological Economics* 25, no. 1 (1998): 127-136; Andrew K. Jorgenson & James Rice, "Structural Dynamics of International Trade and Material Consumption: A Cross-National Study of the Ecological Footprints of Less-Developed Countries," *Journal of World-System Research* 11, no.

# 註

某些日文的文獻與翻譯書的引用文，筆者對格式與表達方式做了若干修改。
引用文中【　】，是筆者補充的部分。

馬克思譯文的出處，用了以下的略稱，並記載卷數與頁數。
『全集』——大内兵衛・細川嘉六監訳『マルクス＝エンゲルス全集』(大月書店)
『資本論草稿集』——資本論草稿集翻訳委員会訳『マルクス資本論草稿集』(大月書店)
『資本論』——資本論翻訳委員会やく『資本論』(新日本出版社)

## 第一章　氣候變遷與帝國的生活模式

1，Jason Hickel, "The Nobel Prize for Climate Catastrophe," *Foreign Policy*: https://foreignpolicy.com/2018/12/06/the-nobelprize-for-climate-catastrophe/（最後檢索日期：二〇二〇年五月十五日）

2，William D. Nordhaus, "To Slow or Not to Slow: The Economics of The Greenhouse Effect," *The Economic Journal* 101, no. 407(1991): 920-937.

3，William D. Nordhaus, *The Climate Casino: Risk, Uncertainty, and Economics for a Warming World* (New Haven: Yale University Press, 2013)，中譯本為：威廉・諾德豪斯著，劉道捷譯，《氣候賭局：延緩氣候變遷vs.風險與不確定性，經濟學能拿全球暖化怎麼

*Beyond*

45

世界的啟迪

# 人類世的「資本論」

## 決定人類命運的第四條路

人新世の「資本論」


| | |
|---|---|
| 作者 | 齋藤幸平 |
| 譯者 | 林暉鈞 |
| 執行長 | 陳蕙慧 |
| 總編輯 | 張惠菁 |
| 責任編輯 | 張惠菁 |
| 行銷總監 | 陳雅雯 |
| 行銷企劃 | 余一霞、林芳如 |
| 封面設計 | poulenc |
| 內頁圖版 | MOTHER |
| 內頁排版 | 宸遠彩藝 |

| | |
|---|---|
| 出版 | 衛城出版／遠足文化事業股份有限公司 |
| 發行 | 遠足文化事業股份有限公司（讀書共和國出版集團） |
| 地址 | 23141 新北市新店區民權路 108-2 號九樓 |
| 電話 | 02-22181417 |
| 傳真 | 02-22180727 |
| 客服專線 | 0800-221029 |
| 法律顧問 | 華洋法律事務所　蘇文生律師 |
| 印刷 | 呈靖彩藝有限公司 |
| 初版 | 2023 年 04 月 |
| 初版三刷 | 2023 年 11 月 |
| 定價 | 460 元 |

| | |
|---|---|
| ISBN | 978-626-7052-64-8（紙本） |
| | 9786267052631（PDF） |
| | 9786267052624（EPUB） |





ACRO POLIS
衛城出版

Email acropolismde@gmail.com
Facebook www.facebook.com/acrolispublish

國家圖書館出版品預行編目(CIP)資料

人類世的「資本論」：決定人類命運的第四條路／
齋藤幸平作；林暉鈞譯. -- 初版. -- 新北市：衛城
出版，遠足文化事業股份有限公司，2023.04
面；　公分. -- (Beyond；45)（世界的啟迪）
譯自：人新世の「資本論」
ISBN 978-626-7052-64-8(平裝)

1. 馬克思(Marx, Karl, 1818-1883)
2. 資本論　3. 馬克斯主義　4. 資本主義

550.1863　　　　111019484